李零 著

考古笔记
READING ARCHAEOLOGY

疫中读书记

|中篇|

我身边的考古学史

生活·讀書·新知 三联书店　生活書店出版有限公司

逝者如斯，不舍昼夜

目录

233	中 篇	我身边的考古学史
235	Ⅰ	夏鼐师承记
285	Ⅱ	夏鼐的"周公之梦"
329	Ⅲ	苏秉琦的"区系类型"说
363	Ⅳ	张光直的"两系文明"说
391	Ⅴ	新旧之争
419	Ⅵ	读其书如见其人
451	附 录	考古百年——"新知大会"第三季发言

中篇

我身边的考古学史

Nai Xia

Ancient Egyptian Beads

I

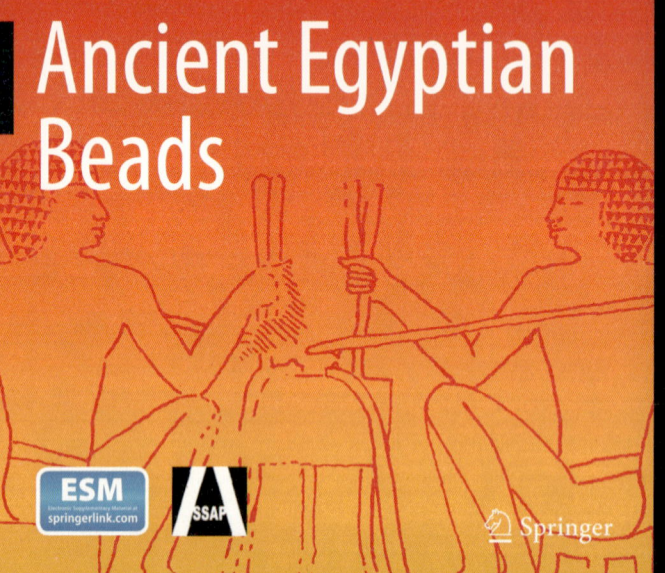

ESM
springerlink.com

ASSAP

Springer

《埃及古珠考》英文本

夏鼐师承记

中国考古学家，论学养深厚，见多识广，无出夏鼐其右。他读书多，交游广，到过世界各国，看遗址，看博物馆，看东西，比谁都多。他有各种各样的老师，中国的、外国的，有些登堂入室，亲炙师教，有些私淑其学，从未谋面。他这一生，直接间接，受谁影响大？请看《夏鼐日记》。[1]

案 《夏鼐日记》，现在只有上海华东师范大学出版社2011年版。此书由夏鼐子女和王世民誊录，然后由王世民汇总通读定稿，史料价值极高，上篇已多次引用。

读2011年版，遗憾的是，书中外文，从手写原文转录，拼写多误（如1977年夏鼐访问伊朗部分），卷十索引漏掉不少人名。我通读全书，将陆续发现的问题随时寄给王世民先生，希望以后能出修订本。

一、夏鼐的旧学底子和外语能力

夏鼐读书，有从头至尾不中断之习惯，见《夏鼐日记》1947年3月11日（卷四，109页）。

他旧学底子好，博闻强记，对古书很熟，经史子集、金石学，什么都读。他曾编校《叶水心年谱》（稿寄同乡张一纯）和《真腊风土记》，对如何整理《大唐西域记》有很好的建议。

他的外语底子是英语。日语、法语是在清华学的，德语是在英国学的，俄语主要是解放后恶补。

夏鼐说，他曾三次学俄语，第一次是1935年在英国，只上过两星期

---

[1]《夏鼐日记》，上海：华东师范大学出版社，2011年。下凡引用日记原文，皆随文括注卷页，不再另出脚注。

的夜班；第二次是1949年在浙大；第三次是1953年在考古所。[1]

夏鼐读中国书多，但很少之乎者也，老气横秋；读外国书多，深藏不露，从不喜欢卖弄外国理论和外国名词。更何况，解放后的新中国也不兴这一套。

案　　1950年代和1960年代是个举国学俄语的时代，中学时代，我学过五年俄语。1959年古巴革命后，国家培养了一批学西班牙语的人才，我大姐就是学西班牙语。举国学英语是"文革"后、"改开"以来。

二、蒋廷黻：夏鼐在清华大学的本科老师

蒋廷黻（1895—1965年）是夏鼐在清华大学的老师，为他打下现代史学的底子，让他学会用现代眼光看过去。

世人知有夏鼐者，都是因为他对考古学有大贡献，然而夏鼐的兴趣最初却不在考古。当年，在燕京、清华读书，他更喜欢社会科学和近现代史。他有他的现实关怀，并非象牙塔中的冬烘先生。

1930年，他在燕京大学社会学系，与瞿同祖同学。假如沿这条道走，他有可能成为另一个瞿同祖。

1931年，他转学清华大学历史学系，与吴晗同

蒋廷黻（1895—1965年）

---
[1] 《夏鼐日记》1953年年终总结（卷五，58页）。

学。假如沿这条道走,他有可能成为另一个吴晗。

1931—1932年,夏鼐读过不少马克思主义原著和介绍苏联革命的书,如马克思的《哲学之贫困》(即《哲学的贫困》)、《共产党宣言》和《资本论》,恩格斯的《家庭、私有财产和国家之起源》(即《家庭、私有制和国家的起源》)、《费尔巴哈论》(即《路德维希·费尔巴哈和德国古典哲学的终结》)和《反杜林论》,列宁的《唯物论与经验批判论》(即《唯物主义和经验批判主义》)、《帝国主义》(即《帝国主义是资本主义的最高阶段》)和《国家与革命》,斯大林的《列宁主义》(即《列宁主义问题》),以及曹谷冰的《苏俄视察记》和胡愈之的《莫斯科印象记》等。

1934年6月22日,夏鼐从清华大学历史学系毕业,毕业论文是《太平天国前后长江各省之田赋问题》,导师是蒋廷黻。

蒋廷黻学问很好,但弃学从政。1935年12月任国民党行政院政务处处长,从此离开清华大学。1936年1月16日,夏鼐在英国听说此事,曾说:"我对于做官虽没有什么热心,但亦不反对人家去做官,尤其是现在中国的局面下,不应该再谈清高,规避做官。故此事的得失在于结局,是救起了中国,还是仅仅毁坏了几个学界闻人,如丁文江做淞沪督办,前车可鉴。"(《夏鼐日记》卷二,4页)

1942年1月17日,夏鼐在重庆见到多年未见的老师,蒋廷黻叮嘱他"最好能多注意汉唐宋之古迹文物",认为"其重要性实不下于先秦及史前之考古学也"(《夏鼐日记》卷三,4页)。夏鼐调查古代遗迹、遗物,一向注意晚期的东西,甚至对近代文物、近代史料也很有兴趣。

案 知识分子读马列,一般都是"思改"(1951—1952年的"思想改造运动")期间才开始读,夏鼐不同,他早就读过这类书。1949年后,他也读这类书，如《夏鼐日记》1978年10月11日—11月13日记，他曾细读《资本论》第1卷（卷八，246、251、252页）；1982年12月30日记，他曾指出李作智误引《德意志意识形态》手稿中马克思删掉的话。说明他对马克思的早期著作也很熟。他不是从马克思主义教科书读马克思主义，而是读原典。

蒋廷黻后来是国民党高官。1945年当过中国驻联合国常任代表，1961年任台湾驻美"大使"兼"驻联合国代表"，阻挠中华人民共和国进联合国。他的老朋友李济曾问他，他对自己的人生选择如何评价，他反问，后人记住的是张骞还是司马迁。[1]

古人讲"三不朽"，立德、立功、立言（《左传》襄公二十四年）。"德"不是想"立"就能立起来的，刻意立德，难免虚伪，更何况谁也不是"道德完人"。"立功"要做官。蒋廷黻学问很好，弃学从政是不是可惜，夏鼐说得对，关键看结局。路子选得不对，不但误国，学也误了。

夏鼐不爱当官，但命中注定，难逃学术领导之职。1947年2月24日—1948年8月21日，傅斯年请夏鼐代理过史语所所长。新中国成立后，夏鼐先后担任考古所的副所长和所长。1982年退下来，担任考古所的名誉所长和社科院副院长。有人说，新中国成立后担任学术领导者，很多人都把学问废了。这事当两说。不错，政治运动浪费了他们太多的学术生命，但新中国成立后，百废待兴，他们担任学术领导，对学科建设有大功，这种贡献不是可以几本书、几篇文章计。

1952年他曾请辞副所长，1960年代初又请辞所长，两次都未果。我理解，他更愿当一名学者。当所长，那是不得已。

---

[1] 李光谟《锄头考古学家的足迹——李济治学生涯琐记》，北京：中国人民大学出版社，1996年，145—146页。

三、傅斯年、李济：夏鼐在清华大学的研究生导师；梁思永：夏鼐的考古实习老师

这三位都留过洋，到西天取过经。

傅斯年（1896—1950年）曾留学欧洲，先在爱丁堡大学、伦敦大学学自然科学，后在柏林大学学西方考据学（philology）。史语所的"语"就是学后者。

傅斯年（1896—1950年）

李济（1896—1979年）

梁思永（1904—1954年）

李济（1896—1979年）曾留学美国，在哈佛大学学体质人类学，回国致力于考古。

梁思永（1904—1954年）曾留学美国，在哈佛大学学史前考古。

1934年8月13日，夏鼐报考清华留美公费生考古学门（《夏鼐日记》卷一，253—258和272页）。他本想到美国学社会经济史，听说没名额，所以报考古。后来知道有，后悔莫及。假如他真的去美国学社会经济史，他有可能成为另一个杨联陞或何炳棣（他俩都比夏鼐小，毕业晚，出国晚）。

但夏鼐却走了另一条路，当初不情愿，然而成就更大的路。他是"因祸得福"。

夏鼐就是夏鼐，命运造就了这位中国考古的一代宗师。

我身边的考古学史

1934年8月21—25日，夏鼐参加考试，11月9日得通知书，清华大学指定傅斯年、李济为他的考古学导师。

《夏鼐日记》提到：

1934年10月2日："今天留美考试在报纸上发表，自己果然获取，前几天的传言证实了。不过自己本来预备弄的是中国近世史，这次突然考上了考古学，这样便要改变我整个一生的计划，对于这样一个重大的改变，我并没有预料到，我有些彷徨无主。下午去找吴晗君谈谈，他说：'昨天你还是预备弄近世史，今日突然要将终身弄考古学，昨夜可以说是你一生事业转变的枢纽，这一个转变实在太大，由近代史一跳而作考古，相差到数千年或数万年了。'"（卷一，264页）

1934年10月4日："我初入大学的头一年是弄社会学的，后来转入历史系，已经是十字街头钻入古塔中，但是对于十字街头终有些恋恋不舍，所以要攻中国近代史，以便进一步剖析当前的社会。现在忽而改读考古学，简直是爬到古塔顶上去弄古董。离十字街头更远了，喧扰的市声，渐隐渐微了。在塔顶旧室中，微弱的阳光下，徘徊于蛛丝鼠迹之中，虽有一种'怅望千秋一洒泪，萧条异代不同情'的诗意，但是这岂是现代式的生活？我总觉得这是我的职业，应该在职业以外去找一个可以安心立命的思想或信仰。但是到哪里去寻这种思想或信仰呢？"（卷一，265页）

这以后，他开始搁置自己的兴趣，大读特读考古书，权且当作"稻粱谋"。他没打算拿考古当自己的安身立命之所。

1934年10月30日，夏鼐在北京拜见傅斯年，傅氏说："考古学有三方面可研究，一为Prehistorical excavation［史前时期的发掘］，二为Historical excavation［历史时期的发掘］，三为Museum［博物馆］；将来出国可至英、美二国，以其参加实地工作之机会较多也，法国人太小气，

不及英、美二国。"(卷一，270—271页)

　　1935年1月3日—3月9日，夏鼐从北京赴南京，在中研院史语所读考古书，并四见李济，向他请教(1月4日、2月7日、2月28日、3月9日)。[1] 3月3日，他与吴襄在玄武湖划船，曾比较南京和北京。他说，"南京如暴发户，仍带伧奴故态。北平如已中落，犹带大家风度"(卷一，297页)。看来他很怀念北京。3月10日，他去安阳实习，参加殷墟第十一次发掘，带夏鼐实习的人是发掘主持人梁思永。[2]梁思永比他大六岁，他一直视为老师。

　　在安阳工地，夏鼐仍然认为自己不适合干考古。

　　《夏鼐日记》提到：

　　1935年3月17日："又阅报，知今年留美公费生有经济史一门，殊自悔去年之投考考古学也。自家本是埋首读书的人，考古学的田野工作，注重组织及办事能干，殊非所长也。"(卷一，302页)

　　同年4月10日："我自己觉得对于书本的嗜好，仍是太过分，对于田野工作的兴趣远不及对于书本的爱好。"(卷一，311—312页)

　　同年5月8日："无疑的，我是不适宜于田野工作的，这不是指体格方面而言，而是指生活习惯而言，我的素养使我成为书呆子，关于统治工人及管理事务各方面皆是一个门外汉，勉强做去，未必见功，可是这有什么办法可想呢！"(卷一，320页)

　　同年5月26日："我觉得自己不配弄考古，对于田野工作，已有些生厌了，觉得它的单调，不生兴味。"(卷一，326页)

---

[1] 参看《夏鼐日记》卷一，285—298页。
[2] 参看《夏鼐日记》卷一，298—329页。

他的人生选择，几乎全都"事与愿违"：想去美国，却去了英国；想学近代，却学了古代；想啃书本，却干了考古。

当年，夏鼐留学，跟许多留学生一样，虚名与实学在心中交战。虚名是为尽快拿个洋博士，光耀乡里；实学是为求取真经，回来报效国家。[1]

1935年3月15日，夏鼐在安阳工地跟梁思永商量到哪儿留学好，梁思永的建议是"以赴英爱丁堡[大学]随G. Childe[柴尔德]学习为佳"（卷一，301页），25日再问，梁思永说"最好是赴英，入伦敦大学或爱丁堡大学；如赴美以California[加利福尼亚]大学为佳，可以攻入类学，养成考古学之理论基础；如能赴德国随Menghin[门京]更佳，惟语言须另行学习耳"（卷一，305页）。[2]

同年4月1日，夏鼐接李济信，李济的建议是"此次出国赴英较赴美为宜，先在伦敦大学住一年，然后赴爱丁堡或剑桥"（卷一，308页）。另外，他有信给梁思永，提到"爱丁堡大学之Childe[柴尔德]，可以从之学比较考古学，又剑桥大学之Ellis Miunns[埃利斯·明斯]亦不错，至于伦敦大学之Petrie[皮特里]，已年老退休云"（卷一，308页）。

李济、梁思永都是留美生，但他俩都鼓动夏鼐去英国。英国是当时的考古重镇。

同年6月11日，夏鼐在北京拜见傅斯年，傅斯年叮嘱他，"留学时须注意：(1)范围须稍狭，(2)择定一导师，(3)少与中国人来往。并云最好不要研究中国问题"（卷一，331页）。这三条，一开始，夏鼐都没照办。

---

[1] 参看《夏鼐日记》1935年4月1日、10月5日（卷一，308、372页）。
[2] 门京（Oswald Menghin，1888—1973年），奥地利考古学家。

案 据王祥第说，1934年清华招收留美公费生，考古和欧洲近代史各有一个名额，夏鼐想报欧洲近代史，杨绍震也想报，杨怕同时考，考不过夏，劝夏改报考古，夏鼐因此才走上考古之路。[1]

夏鼐录取后，认为自己不适合干考古，更适合啃书本，即使进了这个门，甚至当了考古学家，他也这样认为。如：

1. 1938年，夏鼐在巴勒斯坦发掘杜维尔遗址，因语言不通，没办法监工指挥，只看别人怎样做。他说，"自己又因为惯性沉默，很不适宜于团体的生活，别人大声谈笑，自己只在旁边跟着微笑而已，很是不自然。我知道自己将来决不会是一个良好的田野工作者"。[2]

2. 1948年，夏鼐在史语所整理洮河流域的史前遗物，他说，"自己总是对于书籍比较对于实物兴趣浓厚"。[3]

"怅望千秋一洒泪，萧条异代不同时"，见杜甫《咏怀古迹》。《夏鼐日记》引文的"情"字是"时"字之误，疑"情"草书似"时"，录入致误。但夏鼐《〈殷周金文集成〉前言》引文"时"亦作"情"。[4]

夏鼐初入考古之门是在国内。他有两个校方指定的导师，傅斯年和李济。

傅斯年到欧洲留学，一心只为取经，不以学位为念，跟陈寅恪一样。他的话实有先见之明。夏鼐留英，最初跟叶慈学中国考古。他想走捷径，拿个文凭回家，没听傅斯年的话，结果走了弯路。

---

[1] 王祥第《哀思阵阵——纪念夏鼐逝世一周年(外一篇)》附录：翟雪笙《道德文章世人师——王祥第谈夏鼐同志二三事》，收入王世民编《夏鼐——考古泰斗》，上海：文汇出版社，2021年，57—61页。
[2] 《夏鼐日记》1938年3月5日(卷二，182页)。
[3] 《夏鼐日记》1948年4月19日(卷四，183页)。
[4] 夏鼐《〈殷周金文集成〉前言》，收入《夏鼐文集》，北京：社会科学文献出版社，2017年，第二册，264页。

李济是史语所考古组的奠基人，对1949年以前的中国考古影响很大，对1949年后台湾地区的考古影响也很大，但新中国的考古是梁思永、夏鼐另起炉灶。梁思永死后，中国考古靠夏鼐挑大梁。梁思永对夏鼐影响很大。

当时，梁思永不是他的正式导师，但手把手，带夏鼐实习，给他出主意，也应算老师。

梁思永是老病号，1941年以来，一直卧床。夏鼐年轻时就落下消化系统的病（十二指肠溃疡），吃点什么，经常呕吐，经常跑医院。1954年2月12日，夏鼐在中央人民医院（今北大人民医院）住院。2月23日，突然推进一个病人，竟是梁思永。梁氏从2月23日入院到4月2日去世一共39天，他们住同一家医院，夏鼐是眼睁睁看他离去。梁思永去世的当天夜里，夏鼐草写《追悼梁思永先生》，"一直想着梁先生，20年的师生情谊，欲抑制情绪也抑制不住"（卷五，81页）。4月11日他把这篇悼文写完，又删改一遍，删去五段，留在日记里（卷五，83页）。[1]

注意，梁思永和李济都曾建议夏鼐投师柴尔德。李济说的"比较考古学"（comparative archaeology）一词，当指柴尔德对欧洲考古文化的比较研究和综合研究。[2]夏鼐一直把柴尔德定位于理论考古学和比较考古学的大师。[3] Miunns 是 Minns 之误。[4]

---

[1] 参看《夏鼐日记》卷五，71—81和83页。

[2] 比较考古学（comparative archaeology）一词比较少见。德国仍有这类研究，如德国考古研究所（Deutsches Archäologisches Institut, DAI），下设普通考古学与比较考古学委员会（Kommission für Allgemeine und Vergleichende Archäologie），今名欧洲以外诸文化考古学委员会（Kommission für Archäologie Außereuropäischer Kulturen）。案：李学勤写过一个小册子，叫《比较考古学随笔》（桂林：广西师范大学出版社，1997年）。他说的"比较考古学"主要指跨文化的器物比较，与此不同。

[3] 《夏鼐文集》，第四册，426—428页。

[4] 明斯（Ellis Hovell Minns，1874—1953年），剑桥大学彭布罗克学院古典学文学学士毕业。毕业后,（转下页）

四、叶慈：夏鼐留学英国的第一个导师

叶慈（Walter Perceval Yetts，1878—1957年），伦敦大学考陶尔德艺术所（the Courtauld Institute of Art）教授。他编过一部《猷氏集古录》。[1]

人生多歧路。1935年，夏鼐到英国学考古，再次面临选择。欧洲考古，向分古典、近东、史前三门，他选哪一门？

夏鼐初到英国，埃及考古（属近东考古）的大佬，伦敦大学的皮特里已退休，住在巴勒斯坦，夏鼐在伦敦，见不着；希腊考古（属古典考古）的大佬，牛津大学的伊文思，他也没见着。这两位都已八十来岁。

当时，吴雷作近东考古，惠勒作罗马帝国时期的英国考古（属古典考古），格兰维尔作埃及考古（属近东考古），柴尔德作史前考古。这几位，除吴雷五十来岁，大一点儿，其他几位也就四十来岁，正当年。

叶慈（WALTER PERCEVAL YETTS，1878—1957年）

伦敦大学，跟考古有关，有二系二所。二系：埃及考古在埃及考古学系，系主任是格兰维尔（详下），古典考古在考古学系，系主任是阿什莫尔（Bernard Ashmole，1894—1988年）。二系属于伦敦大学学院（University College London，简称UCL）。二所：近东考古

（接上页）曾在巴黎短期居住，1898年移居圣彼得堡，1902年回到剑桥。1927—1938年任剑桥大学迪斯尼讲座教授。1945年授勋爵士。研究领域：斯拉夫考古、俄罗斯考古、斯基泰考古。

[1] W. Perceval Yetts, *The George Eumorfopoulos Collection: Catalogue of the Chinese and Corean Bronzes, Sculpture, Jades, Jewellery and Miscellaneous Objects*, London: Ernest Benn Ltd., 1929.

在伦敦大学的考古研究所,暂无校址,借伦敦博物馆上课;中国考古在考陶尔德艺术所。

1935年9月21日,夏鼐是持李济的介绍信谒见叶慈,投在叶慈门下。[1]当时在叶慈门下攻读学位者还有吴金鼎和曾昭燏。[2]他们比夏鼐到得早。夏鼐发现,叶慈学问太差,曾昭燏和吴金鼎跟叶慈学,只不过为了拿学位。[3]曾昭燏拿硕士,前后花了两年零三个月。吴金鼎拿博士,前后花了四年。夏鼐拿博士,前后花了十一年。一半时间在英国,花在听课、读书和调查、发掘上;一半时间花在国内,整论文和等待审查通过。

夏鼐到伦大的头一年,在四个地点上课。艺术所,学青铜、陶瓷、考古遗存的田野处理和室内处理、体质人类学。大学学院,学普通测量学、矿物与岩石。伦敦博物馆,学博物馆考古学、田野考古的目的与方法、考古绘图。工艺美术学校,学青铜铸造。[4]此外,他还经常跑伦敦的各大博物馆、图书馆和伦敦附近的名胜古迹。他在英国的图书馆看到中国近代史资料,仍然有兴趣。

叶慈对夏鼐很器重,但夏鼐看不起叶慈。他到伦大不久就发现,叶慈的中国学问根底太差,曾昭燏也有类似评价。虽然为了拿学位,他们都忍着,但最后,夏鼐还是没忍住。他觉得,骗骗外国人,拿个学位,

---

[1] 夏鼐初见叶慈是1935年9月21日,见《夏鼐日记》卷一,365页。
[2] 吴金鼎(1901—1948年),山东安丘人,曾就读于齐鲁大学。1926年考入清华国学院,师从李济。1928年发现城子崖遗址,曾参加殷墟第四和第六次发掘。1933年赴英留学,师从叶慈,曾随皮特里赴巴勒斯坦发掘。1937年获博士学位。1938年回国,先后供事于中央博物院筹备处和史语所。1948年病故于山东济南。曾昭燏(1909—1964年),湖南湘乡人,曾国藩大弟曾国潢的长曾孙女。南京中央大学和金陵大学毕业。1935年赴英留学,师从叶慈。1937年获硕士学位。后赴德国学博物馆学,参加田野考古。1938年回伦敦大学,给叶慈当助教。同年回国,供事于中央博物院筹备处。1950年任南京博物院副院长。1964年跳灵谷塔自杀。
[3] 《夏鼐日记》1936年11月8日(卷二,78页)。
[4] 《夏鼐日记》1936年4月12日附夏鼐致梅贻琦信(卷二,29页),该信写于4月11日。

聊以娱亲，这事不难，但如此混下去，学不到什么，只能糊弄自己。他很后悔，抱怨自己误入歧途，认为自己为了出国留学报考考古已是一误，跑到英国学中国考古更是错上加错，[1]所以下定决心，跟叶慈摊牌，以清华校方的命令为由，婉辞叶慈，转投格兰维尔门下，改学埃及考古。

夏鼐留学，本来想去美国。

1935年1月4日，他去史语所拜谒李济，李济"首以体格见询，谓田野工作，非有强健之体格不可，继言及中国考古学之重要，在于以全人类的观点来观察中国古代文化在世界中的位置；又述及将来赴美后或可入哈佛随Dixon［狄克逊］学考古方法，西方学者亦同行相妒，惟对于中国学生或可特别优待。又述及当前计划，谓可在所中读书数月，明春赴安阳实习，大约5月末即可结束云"。[2]

1936年3月22日，他读过狄克逊（Dixon）的书：*The Building of Cultures*，很欣赏。他在日记中说，"此书作者即李济之先生之老师，前年底逝世，本来李先生的意思是要我上哈佛去跟他念考古学，因为他的逝世，始改令我来英。狄克逊氏为人类学家，而非考古学家，但我如果下学期不谋改变方针，则此间不仅学不着考古学，连人类学等相关学科也无法学习，则反不若去美为佳也"。[3]

1936年4月11日，他给梅贻琦、傅斯年、李济写信，申请转学大学学院学埃及学。5月8日，傅斯年复信说，"随叶兹［慈］学习，实无多少

---

[1]《夏鼐日记》的牢骚话很多，如1935年10月9—10、16、22—25、31日和11月12—13、27日（卷一，374—375、378—381、383、389—390、394页）；1936年1月17、24、26日，2月11—12、24日，11月8日，以及1936年的年终总结（卷二，5—7、12、15、79、84页）；1937年3月14日（卷二，98页）。曾昭燏也有类似抱怨，如1935年9月12日（卷一，360页）。
[2]《夏鼐日记》1935年1月4日（卷一，285页）。
[3]《夏鼐日记》1936年3月22日（卷二，22页）。

意义，此等大事，不可以'不好意思'了之也"。他认为，中国考古学之发达，有赖八种学问，即史前史、埃及学、亚述学（包括远东、小亚细亚）、古典考古学、拜占庭与阿拉伯考古学、印度考古学、大洋洲考古学、美洲考古学，而这八种，又以史前史、亚述学、印度考古学、大洋洲考古学四种最重要。与梁思永、李济的建议不同，他劝夏鼐"不必到爱丁堡，因史前考古，中国已有多人，梁思永先生即其最著者"。尽管在他看来，"埃及学未如古代西方亚洲考古学之可与中国考古学发生直接关系"，他仍然赞同夏鼐"舍叶兹[慈]而专学埃及学"。[1]

夏鼐跟叶慈告别是在1936年7月11日。[2]1937年，李济访英，对自己送学生到英国学中国考古很后悔。他跟曾昭燏说，此后决不再送学生跟叶慈念书，吴金鼎"太老实，不知变化"，颇赞同夏鼐转系，"说这便是南人与北人气质的不同"。[3]他说的"北人气质"是"死要面子活受罪"。

夏鼐对叶慈的真实评价，见《夏鼐日记》1936年的年终总结。他是先讲吴金鼎，再讲叶慈。他说，吴金鼎"人很忠厚，读书很用心，田野工作也很能吃苦，是不可多得的考古学人才，可惜功名心太切，跟了叶兹[慈]教授习中国考古学，不过为得博士头衔而已，论叶兹[慈]教授的学问，那里配做他的导师。我以为他如果跟柴尔德教授或Frankfort[弗兰克福特]，一定好得多。自然，那样是难得博士学位，他转眼便是36岁，一个人到了中年，饱受由于没有外国洋博士学位受歧视的刺激，自然要顾到功名，不能像傻子一般专为学问傻干，这又何能怪他！不过，

---

[1] 王世民《夏鼐和傅斯年的师承与别离》，收入中国社会科学院考古研究所编《夏鼐先生纪念文集——纪念夏鼐先生诞辰一百周年》，北京：科学出版社，2009年，304—309页。
[2] 夏鼐最后见叶慈，见《夏鼐日记》1936年7月9、11日（卷二，54页）。夏鼐说，他临走时，叶慈把他送到门口，"直到墙壁遮断视线时才进去"。
[3] 《夏鼐日记》1937年5月21日（卷二，110页）。

为中国考古学的前途着想，未免为之惋惜而已"（卷二，84页）。谈到叶慈，他的评价是，"一个将近60岁的老头儿，还是很努力苦干，他的精神自然很可佩服，但是一个不懂中文，又不懂考古学的人，做起中国考古学教授，却有点滑稽"（卷二，84页），后面还有一些挖苦话。

1948年10月28日，吴金鼎去世，夏鼐在《中央日报》11月17日发表《追悼考古学家吴禹铭先生》，[1]他只提1933年吴金鼎跟皮特里在巴勒斯坦发掘，受到皮特里夸奖，只字未提吴的业师是叶慈教授。

1957年5月14日，叶慈去世，夏鼐在《考古通讯》1958年2期发表过一则消息，《英国汉学家叶慈教授逝世》，署名"作铭"。[2]终于提到吴金鼎的博士论文是在叶慈教授的指导下完成，并由叶慈介绍出版，[3]但仍然未提叶慈是他在伦大的第一个导师。

1964年12月22日，曾昭燏在南京灵谷寺跳塔自杀。[4]夏鼐是1965年1月18日从宋伯胤来信才知道。向达曾去电吊唁。[5]夏鼐在日记中只是记录了这一事件，没有任何评论。

案 伊文思（Sir Arthur Evans，1851—1941年），米诺斯文明的发现者。《夏鼐日记》1936年10月16日提到夏鼐赶到Burlington House去听伊文思讲演，因为迟到，没能进去听。当时，伊文思已85岁（卷二，75页）；

---

[1] 《夏鼐文集》，第四册，203—207页。参看《夏鼐日记》1948年10月28—30日（卷四，211页）。
[2] 《夏鼐文集》，第四册，269—270页。参看《夏鼐日记》1958年1月6日（卷五，346页）。
[3] 吴金鼎是以《中国史前陶器》(Wu G. D., *Prehistoric Pottery in China*, London: Kegan Paul, Trench, Trubner and Co., Ltd., 1938) 获博士学位，闻北京中华书局将出中文译本。
[4] 曾昭燏留下的著作、年谱、日记、书信等有关资料，收入南京博物院编《曾昭燏文集》（北京：文物出版社，2013年）。
[5] 参看《夏鼐日记》1965年1月18日（卷七，85页）。

1942年1月26日，他已回到中国，听说伊文思逝世（卷三，5页）；1963年6月28—30日和7月2—3日，他读过琼·伊文思（Dame Joan Evans）的《时代与机遇：亚瑟·伊文思及其祖先的故事》(Time and Chance: The Story of Arthur Evans and His Forebears, 1943)，琼是亚瑟·伊文思同父异母的姊妹（卷六，349—350页），柴尔德的同学。

吴雷（Leonard Woolley，1880—1960年），或译"吴理""伍雷""伍莱""伍利"，乌尔王陵的发掘者。《夏鼐日记》提到他的八本书：(1)《发掘过去》(Digging Up the Past, 1930)，见1936年2月23日（卷二，14页）；(2)《苏美尔人》(The Sumerians, 1928)，见1936年11月16—22日（卷二，80页）；(3)《苏美尔人的艺术发展》(The Development of Sumerian Art, 1935)，见1937年10月19日（卷二，129页）；(4)《死城与活人》(Dead Towns and Living Men, 1920)，见1938年5月1—7日（卷二，212页）；(5)《新东方考古学》(New East Archaeology)，[1] 见1952年5月11日（卷四，482页）；(6)《发掘工作：考古奇遇记》(Spadework: Adventures in Archaeology, 1953)，见1957年1月30日（卷五，289页）；(7)《一个被遗忘的王国》(A Forgotten Kingdom, 1953)，见1957年11月7日（卷五，336页）；(8)《挖出来的历史》(History Unearthed, 1958)，见1960年9月15日（卷六，120页）。最后这种有中文译本，书名作《考古发掘方法论》（胡肇椿译，上海：商务印书馆，1935年）。1960年2月，吴雷去世，夏鼐写过《英国著名考古学家吴理逝世》，当时未发表，后收入《夏鼐文集》，第四册，275—277页。其中提到吴雷的另外两本书：《迦勒底的乌尔》(Ur of the Chaldees, 1929)、《乌尔的发掘》(Excavations at Ur, 1954)。

---

[1] 吴雷似未写过此书，疑应为 Middle East Archaeology，夏氏日记中记录有误，或者日记整理者辨识有误。

1936年6月19日，曾昭燏从夏鼐处借观5月8日傅斯年致夏鼐信后，也给傅斯年写了一封信。[1] 她在信中说，伦敦大学学院，埃及考古最强，其次是近东考古（美索不达米亚和伊朗），本来她也想转学埃及学，但夏鼐既然决定学埃及学，她就不想学了。夏鼐劝她学近东，放弃"一切科学的课程"，专注于"文字"和"历史"，但她还是不打算放弃从叶慈处拿学位。

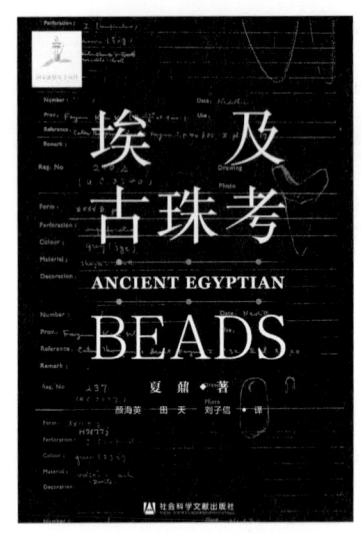

《埃及古珠考》中文本

　　1937年，曾昭燏以《中国古代铜器铭文与花纹》获文学硕士学位。

　　汉学家招中国学生为徒，中国学生拜汉学家为师，各投所好，似乎两利。夏鼐婉辞叶慈而改投格兰维尔，非常明智。

　　夏鼐看不起叶慈，但夏鼐向他辞别，他依依不舍，一直把夏鼐送出门，直到从他视线中消失。无论如何，他毕竟是夏鼐在英国的第一个老师，真正的业师。

　　夏鼐的博士论文《埃及古珠考》与叶慈无关。

五、惠勒：带夏鼐挖梅登堡遗址的田野考古大师

　　惠勒（Mortimer Wheeler，1890—1976年）发明"惠勒方格"，即探方

---

[1]《曾昭燏文集·日记书信卷》收有此信。《夏鼐日记》1936年6月19日（卷二，49页）提到曾昭燏写此信。关于夏鼐的转学经过，可参看费尔德、汪涛《夏鼐先生的英伦之缘》和汪涛《对〈夏鼐先生的英伦之缘〉一文的几点补充》。二文收入中国社会科学院考古研究所编《夏鼐先生纪念文集——纪念夏鼐先生诞辰一百周年》（北京：科学出版社，2009年，310—314、315—320页）。

发掘法，以田野发掘技术著称。1919—1937年，主要在英国从事罗马时期遗址的发掘，做英国考古；1944—1947年任印度考古总监，参加过哈拉帕遗址的发掘，训练过印度的考古队伍，对印度考古贡献很大。

夏鼐留学英国时，惠勒是伦大考古所名誉所长和伦敦博物馆馆长。伦敦博物馆是夏鼐的四个上课地点之一，主要展英国的东西。

《夏鼐日记》提到：

1. 1935年10月30日："至伦敦博物馆谒见Dr. Wheeler[惠勒博士]，询问课程，知1月15日起开始，每星期三下午3时在伦敦博物馆上课。顺便询及田野工作方法，提出安阳

惠勒（MORTIMER WHEELER，1890—1976年）

花土问题，他介绍他太太。惠勒夫人说，可以用Gum[树胶]、Dammar[垯马树胶]，使Pigment[颜料]固着于土，又用石膏将土固凝，然后用铁板插入下端。"（卷一，382页）[1]

2. 1936年1月29日："（上午）退课后，与惠勒夫人商洽，下星期起做实习工作。"（卷二，8页）

3. 1936年4月19日："前星期五阅报，知Mrs. Wheeler[惠勒夫人]已逝世，关于技术的学习少一导师。"（卷二，35页）

4. 1936年5月15—17日，夏鼐随惠勒考察斯通亨治等遗址（卷二，39—42页）。

5. 1936年7月25日—9月5日，夏鼐参加惠勒主持的梅登堡（Maiden

---

[1] 这是惠勒的第一任夫人Tessa Verney Wheeler（1893—1936年），一位很有成就的考古学家。

Castle）发掘（卷二，56—68页）；10月11日，再访梅登堡遗址（卷二，74页）。

6. 1937年2月25日："晚间参加Society of Antiquities of London［伦敦古物学会］之常会，惠勒博士讲演去年梅登堡发掘之成绩，旧梦尚新，遗址草地上草的气息，下瞰全市阳光下的景物，一一尚在耳目间，而此生不知是否尚能重临其境，思之即为默然。"（卷二，96页）

惠勒活得比较长。夏鼐再见惠勒是1973年9月25日—10月13日访问伦敦，参加中国出土文物展开幕式。

《夏鼐日记》提到：

1. 1973年9月27日："7时半赴白厅，由文化大臣Eccles［埃克尔斯］作主人，共24桌，190人，遇及三十余年未见面的Sir Mortimer Wheeler［莫蒂默·惠勒爵士］，安排坐在我的旁边。"（卷七，384页）

2. 1973年10月11日："上午9时莫蒂默·惠勒爵士来访，送我两本他的著作，还亲笔写上题字。"（卷七，391页）

3. 1977年3月17日："上午在图书室翻阅新到西文书刊，知M. Wheeler［惠勒］及E. Bäumgartel［鲍姆加特尔］二位已于去年及前年逝世，享年都80多岁。"（卷八，84页）[1]

4. 1980年5月6日："7时15分又赴大学，副校长设宴招待，坐在我旁边的是此间考古学教授B. S. J. Isserlis［伊塞利］（近年在Sicily［西西里岛］发掘Punic遗址，与意大利考古学家Tuza［图萨］很熟识），又有年轻的Roman Britain［古罗马的不列颠］考古学讲师L. A. S. Butler［布特勒］，

---

[1] 鲍姆加特尔，1939年在伦敦多次见面，见《夏鼐日记》1939年9月6、13日，10月17、19日（卷二，257—258、262—263页）。1973年，夏鼐访英，再次在伦敦见面，见《夏鼐日记》1973年10月5日（卷七，387—388页）。

当我说到1936年在Maiden Castle［梅登堡］发掘时，他说，那时他还只有2岁。艾泽林说，曾看到中国考古发掘的照片，工作井井有条，不知如何取得如此水平，今天谈后才知道曾从Sir Mortimer Wheeler［莫蒂默·惠勒爵士］学习过田野考古方法的。谈至10时，散席告辞返宿舍。"（卷八，410页）

夏鼐读过的惠勒著作，见于《夏鼐日记》，凡11种，主要是解放后读的：

1.《韦鲁拉米乌姆：一座比利时城和两座罗马城》(*Verulamium: A Belgic and Two Roman Cities*, 1936)，见1938年8月27日（卷二，225页）。夏鼐说："氏为英伦田野工作考古学家之杰出者，此书系其在1930—1934年四季在St-Albans［阿尔布斯街］之工作报告，观其如何搜集证据，如何整理发表，极见其精粹之处。"案：St-Albans，今通译"圣奥尔本斯"。圣奥尔本斯是英国赫特福德郡的小镇，在伦敦西北。韦鲁拉米乌姆是圣奥尔本斯在罗马帝国时期的古名，意为"沼泽上方之地"，公元3世纪为纪念罗马士兵圣奥尔本斯改名。原书括译的书名误作"弗朗西斯·培根：一座比利时城址与两座罗马城址"，初不明何故，后查99页"赴St. Albans［圣奥尔本斯］，谒F. Bacon［F. 培根］之墓"，始明其误。

2.《印度河文明》(*Indus Civilization*)，见1954年2月5日（卷五，67页）。

3.《巴基斯坦五千年》(*Five Thousand Years of Pakistan*, 1950)，见1955年5月7日（卷五，155页）和1965年4月8日（卷七，102页）。

4.《田野考古学》(*Archaeology from the Earth*, 1954)，见《夏鼐日记》1955年7月27日、8月21日和1957年1月21日（卷五，169—170、173页和287页）。案：题目，原书括译"来自田野的考古学"。

5.《帝国边界以外的罗马》(*Rome Beyond The Imperial Frontiers*, 1954)，见《夏鼐日记》1956年10月2日（卷五，264页）。

6.《继续发掘：古物学家笔记本的插页》(*Still Digging: Interleaves from an Antiquary's Notebook*, 1956)，见《夏鼐日记》1957年1月26日（卷五，288页）。案：题目，原书括译"古物收藏者笔记的继续发掘研究"。

7.《文明溯源面面观》(*Aspects of the Ascent of a Civilization*, 1955)，见《夏鼐日记》1960年7月5日（卷六，107页）。案：题目，原书括译"文明溯源诸问题"。

8.《早期的印度和巴基斯坦》(*Early India and Pakistan*, 1959)，见《夏鼐日记》1965年5月1日（卷七，107页）。

9.《东方的辉煌》(*Splendours of the East*, 1965)，见《夏鼐日记》1966年3月20日（卷七，197页）。案：题目，原书括译"东方的光辉"。

10.《火烧波斯波利斯》(*Flames over Persepolis*, 1968)，见《夏鼐日记》1973年10月28日和10月30日（卷七，394页）。案：书名指亚历山大火烧波斯波利斯。原书括译的书名是"珀塞波利斯上空的火焰"。此书或即惠勒所送新作，为写《综述中国出土的波斯萨珊朝银币》而读。

此外，夏鼐还读过惠勒第二任夫人（Margaret Wheeler）的著作：《一部考古书》(*A Book of Archaeology*, 1957)，见《夏鼐日记》1958年12月28日（卷五，421页）。

案　　惠勒夫妇并非夏鼐业师。他们对夏鼐的指导主要是田野训练和文物保护。

《埃及古珠考》的致谢名单和参考文献都没有惠勒。

六、柴尔德：夏鼐仰慕已久的理论考古学大师

柴尔德（Vere Gordon Childe，1892—1957年）是20世纪上半叶最伟大的考古学家，时任爱丁堡大学阿伯克龙比讲座教授。

夏鼐对叶慈失望后，打算于1936年暑假后转学爱丁堡大学。他向当时在柴尔德门下的清华校友周培智打听。[1] 周培智回信说，爱大师资很差，系里除柴尔德外，没有任何讲师和助教，标本很少，鲜做发掘，学习时间长。他对柴尔德印象不好，说柴尔德对带学生完全不热心，"对于有色人种抱轻视之态度，弟在此亦以此与之屡次相左"，感受不愉快，打算7月中离开，劝夏鼐暑假中最好到爱丁堡亲眼看看，以免后悔。[2] 最后，夏鼐还是放弃了转学爱大。1937年，李济访英，曾在爱丁堡大学演讲，由柴尔德主持。[3]

柴尔德是世界级大师。夏鼐早就读过柴尔德的书，对柴尔德仰慕已久。夏鼐留英，本来是冲柴尔德去的。但他与柴尔德只有一面之缘，即1938年10月10日在英国皇家学会听过一次柴尔德的演讲。[4] 另外，1938年11月8日，夏鼐给柴尔德写信，"询问关于串珠"，11月10日收到柴尔德回信。[5] 他们的来往就这么一点儿。

《埃及古珠考》的致谢名单有柴尔德。

夏鼐读过的柴尔德著作，见于《夏鼐日记》，凡25种。其中1—5是

---

[1] 1936年1月5日，2月4、15、20日，3月31日，周培智有信给夏鼐，见《夏鼐日记》卷二，13、24、30、33页。1936年2月2日夏鼐有信给周培智，见《夏鼐日记》卷二，9页。
[2] 《夏鼐日记》1936年4月12日（卷二，27—33页）。案：格林说，爱丁堡时期的柴尔德，他的兴趣主要在研究，对带学生不太上心，考古系的设施也很差，因为屋顶漏雨，曾打着雨伞上课。参看Green 1981, pp.61-62.
[3] "Light of Recent Discoveries, Professor Chi's Review," *Scotsman*, Friday, February 26, 1937.
[4] 《夏鼐日记》1938年10月10日（卷二，229页）。
[5] 《夏鼐日记》1938年11月10日（卷二，232页）。

留学前读过，6—9是留学期间读过。10以下是回国以后历年所读，13以下是解放后所读。最后一次是1983年。

尽管夏鼐没能到爱丁堡追随柴尔德，但他一辈子都在读柴尔德的书，受教最深，还是柴尔德。

下面是《夏鼐日记》所见夏鼐读过的柴尔德著作。我核了一下，有些书名、译名与实际有出入，为了与本书下篇译名统一，我做了点修改，并注出中文本。[1]

1.《青铜时代》(The Bronze Age, 1930)，见1934年11月13—15日（卷一，273页)，又见1936年6月6日（卷二，46页，夏鼐纪念柴尔德文作"青铜器时代")。[2]

2.《欧洲文明的曙光》(The Dawn of European Civilization, 1925)，见1935年1月29—30日（卷一，290页，"曙光"作"黎明")，又见1950年5月19日（卷四，299页，"曙光"作"起源")，1952年6月26—28、30日（卷四，491页，"曙光"作"开端")，1974年1月22日（卷七，410页，"曙光"作"起源")。

3.《远古的东方：欧洲史前史的东方序幕》(The Most Ancient East: The Oriental Prelude to European Prehistory, 1928)，见1935年1月31日、2月1日（卷一，290页，无副标题)。

4.《史前多瑙河》(The Danube in Prehistory, 1929)，见1935年2月19日、23日、25—27日（卷一，294—296页，"史前"作"史前时代")。[3]

---

[1] 参看Peter Gathercole and Terry Irving ed., "A Childe Bibliography: A Hand-List of the Works of Vere Gordon Childe," European Journal of Archaeology, vol. 12 (1–3), pp. 1–43。
[2] 夏鼐《英国进步考古学家柴尔德逝世》，《夏鼐文集》，第四册，271—272页。
[3] 夏鼐纪念柴尔德文把1929年印成1527年。

我身边的考古学史

5.《欧亚大陆的有銎斧》("Eurasian Shaft-hole Axes"),见1935年3月29日(卷一,306页)。[1]

6.《远古东方新探:欧洲史前史的东方序幕》(New Light on the Most Ancient East: The Oriental Prelude to European Prehistory, 1934),见1936年5月1、3、5日(卷二,37—38页,省副标题),夏鼐云"摘录于书眉。此书颇佳",又云"此君学识,可谓博而深,此书虽题材非其本行(史前考古学),而仍能表现其组织材料之能力,不可多得"。又见1953年7月1日(卷五,28—29页,"新探"作"新线索",省副标题,夏鼐纪念柴尔德文作"古代东方史的新发现")。注意:夏鼐认为,近东考古不是柴尔德的本行。

7.《人类创造自身》(Man Makes Himself, 1936),见1937年2月26日(卷二,96页,"自身"作"自己",夏鼐纪念柴尔德文作"人类创造了自己")。夏鼐云"此书系通俗读物,但写得极佳。氏读书极博,而组织力极强,故成就甚大"。28日追记:李先生由爱丁堡来书,谓"柴乐得教授仍是一个独身汉子,大约要住一辈子'站'了,谈锋极佳,人极可爱。周培智早已不考古了,现在大约学政治经济,我尚没有见着他,这是柴教授告诉我的"。此书旧有周进楷译本,题目作《远古文化史》(周谷城校订,有上海群联出版社1954年本和北京中华书局1958年本),夏鼐曾写过这个中文本的评论,见《夏鼐文集》,第四册,325—328页。

8.《雅利安人:印欧人探源》(The Aryans: A Study of Indo-European Origins, 1926),见1938年11月26日(卷二,232—233页,"印欧人探源"作"印欧语系民族起源研究")。

9.《苏格兰史前史》(The Prehistory of Scotland, 1935),见1938年12月

---

[1] 刊于 Eurasia Septentrionalis Antiqua, vol. 9(1934)。上引特里格书后的参考文献未收这一种。

8日(卷二,233页)。

10.《历史上发生过什么》(*What Happened in History*, 1942),见1947年8月12、16—17日(卷四,138—139页,"发生过什么"作"发生了什么事情",夏鼐纪念柴尔德文作"历史上发生了什么事"),又见1950年6月18日(卷四,304页)。

11.《进步与考古学》(*Progress and Archaeology*, 1944),见1948年9月10日(卷四,202页,"进步"与"考古学"互倒,英文亦倒,夏鼐纪念柴尔德文作"进步和考古学")。此书有王祥第译稿,夏鼐曾校阅,未闻出版,见1964年3月19日和3月24日(卷七,17—18页)。

12.《工具的故事》(*The Story of Tools*, 1944),见1948年11月26日(卷四,217页)。此书有周进楷译本,题目作《工具发展小史》(中国科学图书仪器公司,1953年)。1956年1月8日,夏鼐曾读周进楷译本(卷五,201页)。

13.《作为技术阶段的考古学时代》("Archaeological Ages as Technological Stage," 1944),见1949年10月28日(卷四,269页)。此文有余敬东、沈辛成译本,附载24中文本中。

14—15.《苏联史前史》("Prehistory in the U. S. S. R.," 1942)和《苏联考古学(森林地带)》("Archaeology in the U. S. S. R. the Forest Zone," 1943),见1950年2月2日(卷四,283页)。夏鼐云"下午阅《人类》1942年各期,将柴尔德关于苏俄考古学二文作札记"。又见1958年12月7日(卷五,416页),夏鼐云"下午在家阅 Man [《人类》]杂志,1942—1943年中柴尔德介绍苏联考古发现的文章"。案:二文发在 *Man*, vol. 42, 43。

16.《不列颠群岛的史前社群》(*Prehistoric Communities of the British Isles*, 1940),见1951年10月1、2日(卷四,425页,"社群"作"社会",夏

蕭纪念柴尔德文作"不列颠岛上的史前社会")。

17.《历史》(*History*, 1947), 见1952年4月26日。夏鼐云"此是讨论各种史观,而归结于唯物史观"(卷四,479页,"历史"作"历史学",夏鼐纪念柴尔德文作"历史")。

18.《社会进化》(*Social Evolution*, 1951), 见1952年5月19、21日(卷四,483—484页,"进化"作"演化",夏鼐纪念柴尔德文同)。

19.《从底格里斯河到塞文河最早的车子》("The First Waggons and Carts — from the Tigris to the Severn," 1951)[1] 见1953年1月19、29日(卷五,4—6页)。案:waggon即wagon,wagon是四轮车,cart是两轮车。

20.《缀联过去:考古材料的阐释》(*Piecing Together the Past: The Interpretation of Archaeological Data*, 1956), 见1956年11月18日(卷五,276页。"缀联过去"作"历史的复原",省副标题)。夏鼐纪念柴尔德文作"将过去补缀起来:考古资料的解释"。此书即《重缀过去》。

21.《史前考古学方法、目标的变化》("Changing Methods and Aims in Prehistoric Archaeology," 1935), 见1957年2月25日(卷五,293,原作"史前考古学目标和方法的变化","方法""目标"互倒,英文亦倒),又见1958年12月6日(卷五,416页)。

22.《回顾》("Retrospect," 1958), 见1958年12月6—7日(卷五,416页)。夏鼐云"下午在家,阅《古物学》上所刊登柴尔德自述学术思想,及Piggott[皮戈特]的评论柴尔德著作;《史前学会通报》上的Childe, *Changing Methods and Aims in Prehistory* [柴尔德:《史前学目标

---

[1] 刊于 *Proceedings of the Prehistoric Society*, vol: 2 (1951), pp. 177-194。上引特里格书后的参考文献未收这一种。

和方法的改变》]"（最后这种是文章，不应作斜体）。此文有沈辛成译本，附20中文本中。

23.《社会与知识：人类传统的发展》(Society and Knowledge: The Growth of Human Traditions, 1956)，见1959年7月16日（卷六，39页）。

24.《考古学导论》(A Short Introduction to Archaeology, 1956)，见1959年10月24日（卷六，55页），又见1983年1月1日、4日（卷九，205—206页）。此书有中文本（安志敏、安家瑗译，陈淳审校，上海三联书店，2013年版）。夏鼐纪念柴尔德文举其代表作15种，没有此种。

25.《欧洲社会的史前史》(The Prehistory of European Society, 1958)，见1960年3月6日（卷六，85页）。这是柴尔德的遗稿。

此外，1958年，夏鼐纪念柴尔德文还提到柴尔德讲苏格兰的三种书：《苏格兰先史》(1935年，即上《苏格兰史前史》)、《苏格兰人以前的苏格兰》(1946年，即《苏格兰人前的苏格兰》)和《欧洲的史前移民》(1950年，即《欧洲的史前迁徙》)。

1982年，夏鼐读过萨利·格林(Sally Green)的《戈登·柴尔德传》(Prehistorian: A Bio-graphy of V. Gordon Childe)；1983年，夏鼐读过布鲁斯·G.特里格的《戈登·柴尔德：考古学的革命》(Gordon Childe: Revolutions in Archaeology, 1980)，见《夏鼐日记》1982年11月14—15日，1983年10月24日、11月2—4日（卷九，189、296、298页）。

1957年10月19日，柴尔德逝世。1958年，夏鼐先后在《考古通讯》上发表《英国进步考古学家柴尔德逝世》(3期)和《评柴尔德著〈远古文化史〉中译本》(6期)，署名"作铭"。"进步"二字在我国有特定含义。夏鼐说，"他是一个马克思主义者，又是一位权威的考古学家"，列举了他的15部代表作。其中《社会进化》一书提到1951年夏鼐亲自领导的辉县琉璃阁131号车马坑的发掘。1952年11月，柴尔德曾与王振铎通信（通过李约瑟介绍，王振铎是李约瑟的朋友）向他请教这一发现。[1]

案 　周培智（1902—1981年），字宁舍，安徽合肥人，1929年清华大学历史系毕业，1931—1934年在爱丁堡大学从柴尔德学，1938年回国，1949年离开大陆，1953年去台湾，先任教于台湾省立工学院（后改成功大学），后任教于淡江大学。王聿均称他获爱丁堡大学哲学博士学位，放弃经济学博士学位。[2]刘世安称他本可拿两个博士学位，一个是历史学的，一个是经济学的，因为急于回国，遂放弃攻读经济学博士。[3]但台湾出版物有1938年7月12日中国驻英使领馆报送教育部的两份文件，一份附周培智提供的爱丁堡大学毕业证，一份附周培智提供的爱丁堡大学经济学博士学位证书。[4]但上引《夏鼐日记》1937年2月28日补记说，"周培智早已不考古了，现在大约学政治经济"，1937年清华大学校长办公处编印的《清华同学录》，只说他是"M. A. (Univ. of Edinburgh)' 34（史前考古学）"。

《夏鼐日记》索引是"交往人物索引"，不收夏鼐没见过面的人物。今检索引，只有周培基（称"留英时期友人"），没有周培智，盖以周培智与

---

[1] 王木南、李强《柴尔德与王振铎关于河南辉县琉璃阁墓中出土车制的询复信件》，《中国科技史杂志》第28卷1期（2007年），47—49页；王木南、李强《柴尔德与王振铎关于河南辉县琉璃阁墓中出土车制的询复信件译读》，《华夏考古》2007年3期，138—141页。

[2] 参看http://www2.tku.edu.tw/~tahx/30years/Chuopp.html；《中国历史学会会讯》第20期（1986年5月10日）所载王聿均为周培智所作小传，又周维强：《王聿均老师访问纪录》，《创系三十周年系庆专刊——口述历史》，台湾：淡江大学历史系，1997年3月。周维强对王聿均的采访（台北："中研院"近史所，2003年6月22日）。

[3] 刘世安《我所知道的周培智主任》，《史化》23期（1994年5期），35—40页。

[4] 林清芬《抗战时期我国留学教育史料》，第一册：各省考选留学生（一），台北："国史馆"，1994年6月1日，508—509页。

夏鼐只有通信关系，两人没有见过面。其实，日记1937年4月24、27日（卷二，104—105页）提到的"周培基"，就是5月12、16日提到从爱丁堡来托夏鼐找房子的"周培智"，"周培基"即"周培智"之误。如日记1937年5月16日（卷二，109页）提到"周君培智来谈"，可见夏鼐跟他见过面。书中周培智八见（卷二，9、13、24、30、33、96、108、109页），周培基两见（卷二，104、105页），共出现过十次。

夏鼐留学英国，本来是冲柴尔德去的。柴尔德是当时最大的理论考古学家。李济、梁思永都建议夏鼐去爱丁堡拜柴尔德为师。他听周培智劝，没去爱丁堡跟柴尔德学，但读柴尔德书最多。柴尔德是他理论上的老师。他写博士论文，曾写信向柴尔德请教，论文致谢名单中也有柴尔德。

柴尔德的书有27部，从《夏鼐日记》和他纪念柴尔德的文章看，大部分他都读过，夏鼐没有读过的书，大概只有八部：《劳工如何执政》（1923年）、《英国、爱尔兰皇家人类学会图录》（1926年）、《斯卡拉布雷：奥克雷的皮科特人村庄》（1931年）、《奥克雷的斯卡拉布雷古代居址》（1933年）、《史前的苏格兰》（1940年）、《知识的社会世界》（1949年）、《巫术、手艺和科学》（1950年）和《建筑部管辖古代遗迹图解指南》（1952年）。

柴尔德的《绝命三书》，他读过一篇。

柴尔德五传，他读过两传。其他三传，两部作于他死后，他看不到。

柴尔德关注过1951年夏鼐领导的辉县发掘。夏鼐说，"我们很希望他能来我国一次，参观我国解放后考古学上的新收获。可惜这事现在是无法实现了"。[1]

---

[1] 夏鼐《英国进步考古学家柴尔德逝世》，收入《夏鼐文集》，第四册，271—272页。

柴尔德在《回顾》中说，他还想去苏联和中国看看，但怕旅途犯病。

罗泰说："Childe的确很值得注意。非常可惜他没有去过中国。他退休之后应该不自杀而到中国去做外国专家，了解中国考古。那会给他的学问带来一个新的方向，再增加他学问的活力。"（2020年7月11日来信）。是呀，假如他来中国，或许他就不会自杀了，我也这么想。

那时的中国正充满希望，多少发现已经露头，多少发现呼之欲出。

《埃及古珠考》的致谢名单有柴尔德，参考文献有上6。

七、格兰维尔：夏鼐留学英国的第二个导师

格兰维尔（Stephen Glanville，1900—1956年）是著名埃及考古学家皮特里的弟子，伦大埃及考古学系的系主任。

夏鼐改从格兰维尔学埃及考古，这更符合他的兴趣。他更想学考古、古文献、古文字并重的历史时期考古。他在致梅贻琦的一封长信中讲了自己申请延期和换专业的理由：[1]"伦大之考古学，以埃及考古学为最出名，亦为最佳，此外则为希腊罗马考古学。但无史前考古学之专科，如欲攻史前考古学，则不得不转学爱丁堡；如欲攻有史以后之考古学，

格兰维尔（STEPHEN GLANVILLE，1900—1956年）

---

[1] 夏鼐《陈请梅贻琦校长准予延长留学年限的信函》和傅斯年、李济两人的复信，收入《夏鼐文集》第四册，436—445页。《夏鼐日记》1936年4月12日也附有前信（卷二，27—33页）。

则必须留在伦敦。此二者之选择，据生之意见，以攻有史以后之考古学为佳。因未离国以前，李济之先生嘱注意有史考古学，以国人研究考古学者，如李济之、梁思永二先生，皆为研究史前考古学。现在此间之周培智、吴金鼎二君，亦偏重史前。生当时亦以为然，但现下则知学习有史考古学，困难更多。第一，必须依导师意见，先学习其文字，以便以文籍与古物互证。第二，对于发掘及保存古物之技术，更须注意；不若史前之遗物，仅留石器、陶器、骨器，保存较易，技术较简。第三，则以参考书籍较丰富，欲得一眉目，非多费工夫阅读不可，此项情形，不论攻埃及考古学或希腊罗马考古学，皆属相同，惟希腊罗马考古学，着重大理石建筑及雕刻，与中国情形不同，且伦大此科远不及埃及考古学为佳，故生前月往与埃及考古学系主任格兰维尔教授（Prof. Glanville）接洽。"

夏鼐第一次见格兰维尔只是了解情况。《夏鼐日记》1936年3月11日："上午至不列颠博物馆。旋赴学院谒 Mr. Glanville［格兰维尔先生］，乃前星期去信约期晤谈者。据云，如从之治埃及考古学，可以念 M. A.［文学硕士］，但至少须三年，以二年学习一切基础知识，第三年专作论文。惟氏意以为专攻埃及学，未见得一定有用于将来之治中国考古学，并谓可向 Dr. Wheeler［惠勒博士］商洽，近东考古学或较有用。"（卷二，20页）

1936年7月7日，他还拜会过大学学院的印度考古学教授理查兹（Richards），询问改读印度考古学事，这位教授说，"印度考古学在英国大学中尚为新设之讲座，关于此学，以在印度为佳，而就历史而言，印度之考古学偏重 Alexander［亚历山大］东征以后之史实，而且依赖中国方面之帮助，始能审定确实之年代，史前遗址 Mohenjo-Daro［摩亨佐达罗］及 Harappa［哈拉帕］自属重要，但除此之外，尚罕他种发掘，故对于予改攻印度考古学并不赞成。就事实而论，目前只能攻埃及学，但可同时注重近东方面之考古学"(《夏鼐日记》卷二，53页)。最后，理查兹答应为夏鼐写信给格兰维尔。

夏鼐正式改读埃及考古学是1936年9月21日。《夏鼐日记》："至大学学院，晤格兰维尔教授，开始学习埃及象形文字。"(卷二，70页)

他学埃及考古的过程可以分成八段：

第一段：1936年9月21日—1937年8月31日，跟伽丁内尔学埃及古文字，读伽丁内尔的《埃及文语法》。同时，读皮特里的《埃及史》，[1]以及布雷斯特德的《埃及的古史记载》等书。[2] 见《夏鼐日记》卷二，70—121页。

第二段：1937年9月1日—15日。应中法教育会邀请，参加中国留欧学生到法国作半月游，参观卢浮宫、赛努奇、吉美等博物馆和巴黎的名胜古迹。见《夏鼐日记》卷二，121—125页。

第三段：1937年9月16日—12月17日，在伦大，上近东上古史、埃及宗教史、德文、埃及考古学、埃及文读本等课。见《夏鼐日记》卷二，125—136页。

第四段：1937年12月18日—1938年3月1日，参加迈尔斯（Oliver H. Myers）领导的埃及考察团。1937年12月18日启程，途经都灵、威尼斯、亚历山大、开罗，12月29日抵卢克索。1938年1月2日—2月2日参加阿尔曼特（Armant）附近托勒密神庙和撒哈拉遗址的考察和发掘，2月3日—3月1日在埃及考察。见《夏鼐日记》卷二，136—180页。

第五段：1938年3月2日—4月23日，从开罗前往加沙，到莱基考察团的工作站。3月2日—4月3日参加杜维尔（Duweir）遗址（古莱基城遗

---

[1] 夏鼐读过的皮特里的书，详见下文。
[2] 夏鼐读过的布雷斯特德的书，详见下文。

址)的发掘。4月4—8日在耶路撒冷和伯利恒参观,然后去亚历山大。4月9日从亚历山大启程,途经那不勒斯、罗马,4月23日返伦敦。见《夏鼐日记》卷二,180—211页。

第六段:1938年4月24日—1939年10月20日,在伦敦。1938年5月1日,开始整理皮特里藏品中的埃及串珠。1939年1月1日,先将《古代埃及串珠集成》(Corpus of Ancient Egyptian Beads)整理完。然后,9月13日开始写学位论文《古代埃及的串珠》。见《夏鼐日记》卷二,211—263页。

第七段:1939年10月21日—1940年12月5日,"二战"爆发,伦敦大学埃及考古学系停办,格兰维尔安排他再赴埃及,结合开罗博物馆的藏品继续研究埃及串珠。1940年1月15日,写出论文第一章;6月30日,写出论文第二章;9月15日,写出论文第三章;10月8日将《埃及串珠图谱》整理完。当时在开罗博物馆的埃及考古学家布伦顿和卢卡斯对他帮助很大。见《夏鼐日记》卷二,263—327页。

第八段:1940年12月6日—1941年1月23日。从开罗启程回国,先到耶路撒冷,参观耶路撒冷博物馆,拜会皮特里;然后去巴格达,参观萨马拉的考古博物馆、巴比伦遗址和伊拉克博物馆;然后去巴士拉,乘船,经波斯湾到卡拉奇。然后去孟买,参观威尔士王子博物馆。然后去加尔各答,参观印度博物馆。然后去仰光,经腊戍、畹町,到昆明。见《夏鼐日记》卷二,327—347页。

夏鼐回国后,把论文初稿交两位老师审阅,先请梁思永审(1941年3月25日),[1]后请李济之审(1941年6月2日),[2]从1941年3月27日到1943年7

---

[1]《夏鼐日记》卷二,363—364页。
[2]《夏鼐日记》卷二,373页。

月22日，写出全稿，[1]1943年9月14日修改打印，[2]10月30日托人把杀青的稿子托曾昭燏带往重庆，交外交部航邮寄往英国。[3]

《夏鼐日记》提到：

1946年3月14日："写了两封信，一给格兰维尔教授，询问论文已寄到否……"（卷四，32页）

1946年4月28日："傍晚得石璋如君转来格兰维尔教授之信，知论文已全部寄到，暑假前可以得学位，并谓设法使余再度赴英，给予薪给或奖学金，问余能留几年，余又心动矣。"（卷四，42页）

1947年10月6日："今日收到了伦敦大学的文凭（1946年），此事总算是告一段落。"（卷四，146页）

格兰维尔的著作，夏鼐读过四部：

1.《埃及人》(The Egyptians, 1933)，见《夏鼐日记》1936年1月12日（卷二，3页）。

2.《古代埃及的日常生活》(Daily Life in Ancient Egypt, 1930)，见《夏鼐日记》1936年11月1日（卷二，78页）。

3.《阿马尔纳的壁画》(The Mural Painting of el-Amarna, 1929)，见《夏鼐日记》1940年8月19日（卷二，314—315页），与Frankfort、Darias合作。

4.《埃及遗产》(The Legacy of Egypt, 1942)，见《夏鼐日记》1953年8月27、29—30日（卷五，37页）。

案　　格兰维尔是皮特里的弟子。他是直接指导夏鼐学埃及考古和

---

[1]《夏鼐日记》卷二，364页；卷三，123—124页。
[2]《夏鼐日记》卷三，133页。
[3]《夏鼐日记》卷三，140—141页。

写博士论文的老师，真正的业师。

《埃及古珠考》的致谢名单有格兰维尔，但参考文献没有他的著作。

《夏鼐日记》1982年5月24日提到："阅《考古学》34卷第6期(1981年)中Koseir发掘等篇，埃及Koseir海港，当年(1939年)格兰维尔教授曾有意发掘，准备以Egyptian Exploration Society［埃及考察团］的名义申请执照，得到Sir Robert Mard［罗伯特·马登爵士］的支持，曾约我参加，据云其处多中国瓷片，后以欧战爆发而作罢，匆匆40年。此次美国人发掘，乃National Geographical Society［国际地理学会］及Smithsonian Institution［史密森学会］所赞助，[1] 开始于1978年，颇有收获。"（卷九，137页）

八、鲍姆加特尔：皮特里藏品的主要整理者

鲍姆加特尔（Elise Jenny Baumgartel，1892—1975年），英国著名埃及学家。

夏鼐留英时就认识她，向她请教，见《夏鼐日记》1939年9月6、13、28日，10月17、19日（卷二，257—258、260、262—263页）。

1953年，夏鼐读鲍姆加特尔的《史前埃及的文化》（*The Cultures of Prehistoric Egypt*），见《夏鼐日记》1953年5月31日（卷五，24页）。

1973年，夏鼐访英，重遇鲍姆加特尔，夏鼐说，她"年已81岁，当年在伦敦大学埃及考古学系时经常一起工作，现已退休，谈当年旧事，不胜今昔之感。他问及中国古代陶器或铜器有否'Z'徽标，又送我一册新著Petrie, *Naqada Excavation, a Supplement*［皮特里：《涅伽

---

[1] "国际地理学会"是"国家地理学会"之误。

[加]达发掘》增补](1970)",见《夏鼐日记》1973年10月5日(卷七,387—388页)。

1975年,鲍姆加特尔去世,夏鼐是过了两年才从西文书刊获知,见《夏鼐日记》1977年3月17日(卷八,84页)。

案 鲍姆加特尔,德裔,1892年生于柏林,与柴尔德同岁。她曾先后就读于柏林大学和哥尼斯堡大学,学埃及学和考古学,1927年获博士学位,获德国科学基金会资助(很少有女性获此基金),继续做考古研究。1933年,希特勒上台,资助取消,她举家移民英国。约翰·迈尔斯帮她在伦敦找到两份临时性工作。1934年,皮特里移居巴勒斯坦,把他在埃及发掘42年的藏品卖给伦敦大学学院皮特里埃及考古博物馆。皮特里的学生史蒂芬·格兰维尔任埃及学系主任,慧眼识珠,聘请鲍姆加特尔为藏品编目整理(由蒙德赞助)。她是皮特里藏品的主要整理者,夏鼐整理的只是皮特里藏品中的珠子。1939年,格兰维尔应征入伍后,她替格兰维尔上课,任该系临时助理。1940年,任教牛津大学萨默维尔学院。《史前埃及的文化》是她的代表作,出版于1947年(续有修订)。1955年,前往美国。1964年,又重返英国。1970年退休。夏鼐再次见到她,她已退休。《涅加达发掘》补卷(即上引"《涅加达发掘》增补")是她根据1960年代新发现的一批皮特里笔记本整理而成。

《埃及古珠考》的致谢名单有鲍姆加特尔,但参考文献没有她的著作。

九、伽丁内尔:教夏鼐学埃及古文字的老师

伽丁内尔(Alan. H. Gardiner,1879—1963年)是伦敦大学学院考古系的埃及古文字学家。

1936年9月22日—1937年3月17日，夏鼐在伽丁内尔指导下学埃及古文字，读伽丁内尔的《埃及语法练习》(Egyptian Grammar Exercises)，做习题。夏鼐说，"这半年来，大部分光阴都花费在这本书上，自思似乎并不值得，将来如有半年不弄这东西，便要大部忘掉了，何必今日费这番苦心去干。但是比起跟叶兹[慈]教授弄中国考古学，自胜百倍"(卷二，97—98页)。

案　　伽丁内尔是夏鼐学埃及古文字的老师，但《埃及古珠考》的致谢名单没有他，参考文献也没有他的著作。

十、卡顿–汤普森

卡顿–汤普森(Gertrude Caton-Thompson，1888—1985年)，皮特里的学生，埃及考古学家。

案　　《埃及古珠考》的致谢名单有卡顿–汤普森，参考文献只有她的一篇文章："The Royal Anthropological Institute's Prehistoric Research Evpedition to Kharga Oasis, Egypt. The Second Season's Discoveries," *Man*, vol. 32, 1 June, pp. 129-135。此种未见《夏鼐日记》。

十一、迈尔斯：带夏鼐到埃及参加考古实习的人

迈尔斯(Oliver H. Myers，1903—1966年)，皮特里一系的埃及考古学家，详见下一章介绍。1937年8月31日，夏鼐在伦敦初次见到迈尔斯，接洽考古实习事，后随迈尔斯去埃及发掘。《夏鼐日记》只记考古实习事，未提迈尔斯的著作。

案　《埃及古珠考》的致谢名单有迈尔斯，但参考文献没有他的著作。

十二、布伦顿：夏鼐在开罗请教过的埃及学家

布伦顿（Guy Brunton，1878—1948年），也是皮特里一系的埃及考古学家，时在开罗博物馆任职。1937年12月28日，夏鼐在开罗初次见到布伦顿，参观开罗博物院的藏品，向布伦顿请教与埃及古珠有关的各种问题。

布伦顿的书，《夏鼐日记》所见，凡五种：

1.《卡乌与巴达里》之二（*Qua and Badari II*, 1928），见1935年2月19日（卷一，294页）。

2.《卡乌与巴达里》之一（*Qua and Badari I*, 1927），见1935年3月1—2日（卷一，296页），1943年7月23日（卷三，124页）。

3.《巴达里文明》（*The Badarian Civilisation and Predynastic Remains near Badari*, 1928），见1938年12月27日（卷二，235页）。

4.《古洛卜》（*Gurob*, 1927），与恩格尔巴赫（R. Engelbach）合写，见1939年8月9日（卷二，253页）。

5.《拉浑之一：宝藏》（*Lahun I: The Treasure*, 1920），见1939年8月22、24日（卷二，254—255页）。

案　上述作品，1、2两种是出国前所读。3—5是留学时所读，回国后又重读。"卡乌"，原作"夸"。《古洛卜》，原作"古偌卜"。"拉浑"，原作"拉宏"。

《埃及古珠考》的致谢名单有布伦顿，参考文献有他的九种书，其中

上述五种见于《夏鼐日记》。

十三、卢卡斯：夏鼐在开罗见到的埃及文物保护专家

卢卡斯（Alfred Lucas，1867—1945年）是英国研究古器物材质和工艺的保护专家。1939年11月4日，夏鼐在开罗博物院初次见到卢卡斯，向他请教与埃及古珠有关的问题。

卢卡斯的书，《夏鼐日记》所见，凡三种，去埃及前他就读过：

1.《古物的再现与复原》(Antiques: Their Restoration and Preservation, 1932)，见1936年4月19、22—23日（卷二，35页）。

2.《铁器的修复与保护》(Iron Restoration and Preservation, 1934)，见1936年4月22日（卷二，35页）。

去埃及后，他又读过：

3.《古代埃及的原料和工艺》(Ancient Egyptian Materials and Industries, 1934)，见1938年4月26—30日、5月18日；1940年8月13日（卷二，212—213和314页）；1952年8月24日，9月21、24、29日，10月1日（卷四，502、508—510页）；1965年3月10日（卷七，95页）。

案　上述作品，1、2是出国前所读，3是在埃及所读，解放后又重读。

《埃及古珠考》的致谢名单有卢卡斯，参考文献有他的四种书，其中两种（上1、3）见《夏鼐日记》。

十四、皮特里：夏鼐归国途中拜见的埃及考古学大师

皮特里（Flinders Petrie，1853—1942年）是英国最著名的埃及考古学家。他的"序列断代法"影响很大。夏鼐的博士论文是以整理皮特里收藏的埃及串珠为基础。皮特里的书是主要参考书。

归国途中,他很想跟皮特里见一面。[1]1940年12月9日,夏鼐终于在耶路撒冷政府医院见到皮特里:

皮特里(FLINDERS PETRIE,1853—1942年)

> 他躺在床上,银白色的头发垂在肩上。虽然他年事已高并且身体虚弱,但镜片后的眼睛却依然炯炯有神。他谈论了一下珠子,接着便转向他自己的考古生涯。墓葬排序和陶器分型方法,是由他在Naqada[涅加达]开创的。Predynastic Period[前王朝时期]的年代系列,也是他奠定的。他赞赏布伦顿和惠勒的工作,但对迈尔斯却提出了严厉的批评。关于吴[金鼎]先生,他指出其能出色地完成交给的任务,唯一的弱点是开动脑筋不够。关于叙利亚古文字的讨论持续了大约半个小时。之后,我向他道别,皮特里太太说:"这不是永诀,而是再会,你还得再来看他。"我从皮特里太太处买了一本有皮特里签名的册子。(《夏鼐日记》卷二,327—328页)

---

[1] 1940年他与皮特里通信,把部分稿子寄给皮特里向他请教,见《夏鼐日记》5月9日,6月15—16日,7月4、7日,8月24日,9月15日,10月16日(卷二,300、304—306、307、309、315、317、320页)。

1942年7月28日，皮特里去世，夏鼐正在家乡温州。他是第二年才听说这个消息。[1]

皮特里的书，见于《夏鼐日记》有32种（下1—3、4、10、13—16、18—27、29—30见于《埃及古珠考》参考文献）：

1.《史前埃及》(*Prehistoric Egypt*, 1920)，见1935年2月16—17日（卷一，293页）、1938年11月13、27日（卷二，232、233页）。

2.《工具与武器》(*Tools and Weapons*, 1917)，见1935年2月18日（卷一，293页）。

3.《考古学七十年》(*Seventy Years in Archaeology*, 1931)，见1935年10月1—3日（卷一，370页）。夏鼐读该书第一章序言后说，"作者并没有受过正式的教育，由他的父亲处学得化学、机械学、测量绘图，由他的母亲处学得矿石学及历史的爱好，由更上一代的祖先遗传了组织人员的才能，便借测量金字塔的机会，跨入考古学的范围。与他一比较，我所受的教育，自然是完备得多，但是我所读的多是偏于文史一方面的东西，与考古学不生关系，自己对于古物虽有嗜好，在初中时便喜欢拣古钱，但对于用人办事的才干太差劲了。现在由于偶然的机缘，逼入考古学的领域，将来的成败，实属不可预料，我只好不断努力，聊尽己责而已"（卷一，370页）。

4.《考古学的方法和目标》(*Methods and Aims of Archaeology*, 1904)，见1936年2月10日（卷二，12页）。

5.《上古加沙》之四 (*Ancient Gaza IV*, 1934)，见1936年3月1日（卷二，16页）。夏鼐说，"此系1933年11月18日至1934年4月4日一季田野

---

[1]《夏鼐日记》1943年7月3日："傍晚至曾君处借书，闲谈中知Petrie［皮特里］已于去年此时逝世，乃闲谈谒见皮特里时晤谈情形。"（卷三，120页）

工作的报告，吴金鼎君曾参加此役，第一节之'We welcomed a Chinese archaeologist, Wu Gin Ding [我们接待过一位中国的考古学家，吴金鼎]'即吴君也。此种报告，似不及Reissner[赖斯纳]的 Nagaed-Deir III [《纳戈代尔》之三]之佳，但较简易，亦未尝不可取法"（卷二，16页）。

6.《文明的革命》(The Revolutions of Civilisation, 1912)，见1937年4月26日（卷二，105页）。夏鼐云，"此书立论虽新奇，但基点不固，无甚价值"。

7.《古代埃及的社会生活》(Social Life in Ancient Egypt, 1923)，见1937年5月23日、6月1—4日（卷二，110—111页）。

8.《具名滚筒印与圣甲虫宝石》(Scarabs and Cylinders with Names, 1917)，见1937年6月11日（卷二，112页）。

9.《埃及历史》(A History of Egypt, Vol. I-III, 1902, 1904, 1905)，见1937年7月15—17、25日，8月6、14、19、23—26日（卷二，116—117、119—120页）。

10.《古代埃及的工艺美术》(The Arts and Crafts of Ancient Egypt, 1910)，见1937年8月16日（卷二，119—120页）。

11.《古代埃及的宗教与道德》(Religion and Conscience in Ancient Egypt, 1898)，见1937年10月7日、1938年8月21日（卷二，128、224页）。

12.《埃及发掘十年(1881—1891年)》(Ten Years' Digging in Egypt: 1881-1891)，见1938年8月6日（卷二，222页）。夏鼐云，"此书叙述氏最初考古工作，为通俗读物，插图丰富，虽内容大多复述于 Seventy Years in Archaeology [《考古学七十年》]中，仍值得一读"。

13.《护身符，大学学院埃及藏品图说》(Amulets, Illustrated by the Egyptian Collection in University College, 1914)，见1938年10月29日（卷二，231页）。

14.《涅加达和巴拉斯》(*Naqada and Ballas*, 1896),见1939年1月8日(卷二,237页)。与Quibell合著。

15.《狄奥斯波里斯·帕尔瓦》(*Diospolis Parva*, 1901),见1939年1月29日(卷二,238页)。

16.《格尔塞和马兹古纳的迷宫》(*The Labyrinth, Gerzeh and Mazghuneh*, 1912),与Wainwright和Mackay合著,见1939年2月20日(卷二,239页)。

17.《塔尔罕I与孟菲斯V》(*Tarkhan I and Memphis V*, 1913),见1939年5月5日(卷二,246页)。

18.《塔尔罕II》(*Tarkhan II*, 1914),见1939年5月17日(卷二,246页)。

19.《侍臣墓与尼罗鳄墓》(*Tombs of the Courtiers and Oxyrhynkhos*, 1925),见1939年5月19日(卷二,247页)。

20.《埃及早王朝时期的皇家墓葬I》(*Royal Tombs of the Earliest Dynasties, Part I*, 1900),见1939年6月3日(卷二,248页)。

21.《埃及早王朝时期的皇家墓葬II》(*Royal Tombs of the Earliest Dynasties, Part II*, 1901),见1939年6月18日(卷二,249页)。

22.《阿拜多斯I》(*Abydos, Part I*, 1902),见1939年7月1日(卷二,250页)。

23.《阿拜多斯II》(*Abydos, Part II*, 1903),见1939年7月9日(卷二,251页)。

24.《科普托斯》(*Koptos*, 1896),见1939年8月4日(卷二,252页)。

25.《卡浑、古洛卜与哈瓦拉》(*Kahun, Gurob and Hawara*, 1890),见1939年8月16、18日(卷二,253页)。

26.《塞德蒙特I-II》(*Sedment I-II*, 1924),与Brunton合著,见1939年8月28日(卷二,255页)。

27.《孟菲斯I-VI》(*Memphis I-VI*, 1909-1915),见1939年8月31日(卷

二，255页)。

28.《古代世界的纹饰》(Decorative Patterns of the Ancient World, 1930)，见1939年9月14日(卷二，258页)。

29.《喜克索斯王朝与以色列城市》(Hyksos and Israelite Cities, 1906)，见1939年9月17日(卷二，259页)。

30.《埃尔·阿马尔纳丘》(Tell el Amarna, 1894)，见1939年11月2日(卷二，269页)。

31.《归纳的计量学》(Inductive Metrology, 1877)，见1940年8月8日(卷二，313页)。

32.《皮特里的涅加达发掘，1970年补遗》(Petrie's Naqada Excavation, a Supplement, 1970)，见1973年10月5日(卷七，388页)。本书由鲍姆加特尔整理成书。

案 皮特里是埃及考古学的泰斗。他那个时代，考古主要是个"动手动脚"的活动。学者型的考古学家很少。他是半路出家，干中学。

上述作品，1、2是出国前所读，32是新中国成立后所读，绝大多数都是转读埃及考古后，为写论文而读。

夏鼐的博士论文是写皮特里收藏的埃及古珠，当然得读皮特里的书。皮特里的书，他读了很多，但跟皮特里只有一面之缘。他并不是皮特里的及门弟子，只是他的再传弟子。

《埃及古珠考》的致谢名单有皮特里，参考文献有皮特里的49种书，其中21种(上1—4、10、13—16、18—27、29—30)见于《夏鼐日记》。

十五、布雷斯特德：美国的埃及考古学家

布雷斯特德（James Henry Breasted, 1865—1935年）是柴尔德的朋友，美国的埃及学家。他的书，见于《夏鼐日记》，凡八种：

1.《文明的征程》（*The Conquest of Civilization*, 1926），1934年6月3—5、15—16日（卷一，242页）。

2.《埃及史》（*A History of Egypt, from the Earliest Times to the Persian Conquest*, 1909），见1936年9月10—11、15、17—20日（卷二，68—70页）。

3.《埃及的古史记载》（*Ancient Records of Egypt*, 1906-1907），见1937年6月28—29日，7月15—17、30日，8月6、10、14、20日（卷二，114—116、118—120页）。此书又见《埃及古珠考》参考书目。

4.《古代埃及宗教与思想的发展》（*Development of Religion and Thought in Ancient Egypt*, 1912），见1937年9月29日、10月1日（卷二，127页）。

5.《良知的起源》（*The Dawn of Conscience*, 1933），见1937年10月2—4日（卷二，127—128页）。

6.《古埃及人史》（*A History of the Ancient Egyptians*, 1908），见1938年9月11日（卷二，226页）。

7.《芝加哥东方研究所》["The Oriental Institute of the University of Chicago," *The American Journal of Semitic Languages and Literatures,* vol. 35 (1919), pp. 196-204]，见1939年3月25日（卷二，241页）。

8.《古代串珠》（"Ancient Beads"），见1940年1月21日（卷二，284页）。

解放后，夏鼐还读过布雷斯特德的儿子（C. Breasted）为他写的传记：《探索过去的先驱》（*Pioneer of the Past*, 1943），见《夏鼐日记》1949年12月19—22日（卷四，276页）。

案 　　夏鼐没见过布雷斯特德。上述作品，1是他出国前就读过，2—8是出国后因改学埃及考古学才读。《文明的征程》，有中文译本（北京：燕山出版社，2004年）。

《埃及古珠考》的致谢名单中没有布雷斯特德，参考文献只有上3。

十六、其他

新中国成立后，夏鼐为了介绍考古学的一般概念，参考过下述五书：

1. 滨田耕作《考古学通论》，见1935年3月14日。夏鼐在日记中说，"此书颇不恶，惜过于浅近通俗耳"（卷一，300页）。1953年1—6月，夏鼐给北大历史系考古专业授课，其《考古学通论讲义（之一）》就是以此书为参考书。[1] 此书有中译本。[2]

2. 克劳福德（O. G. S. Crawford, 1886—1957年）《田野考古学》（Archaeology in the Field, 1953），见《夏鼐日记》1953年11月13、22、29日（卷五，50、52—53页）。他读此书，可能与给北大历史系考古专业授课有关。

3. 驹井和爱《考古学概论》，见《夏鼐日记》1953年11月30日、12月6、13、20日（卷五，53—55页）。夏鼐说，"好久未弄日文，读时颇吃力"（12月13日）。他读此书，可能与给北大历史系考古专业授课有关。

4. 蒙盖特《苏联考古学》，见1958年1月26日（卷五，348页），1960年6月13—14、23日，7月1、3、14日（卷六，103、105—107、109页）。他读此书，可能与写作《再论考古学文化的命名问题》有关。此书有中译本。[3]

---

[1] 《夏鼐文集》，第一册，67—126页。
[2] 滨田耕作《考古学通论》，俞剑华译，上海：商务印书馆，1931年。
[3] А. Л. 蒙盖特《苏联考古学》（内部读物），中国科学院资料室编，中国科学院考古研究所资料室译，1963年。

5. 蒙盖特和阿马尔里克合著《什么是考古学》，见1958年11月1—13日（卷五，410—411）；1960年1月15日，1961年2月12、15日，3月9、12、18日，5月7、18、21、23—27日，6月4日（卷 六，75、152—153、157—159、172、174—176、178页）。夏鼐说，"这是我第一次从头至尾阅读的俄文书"（1961年6月4日）。他读此书，可能与写作《再论考古学文化的命名问题》有关。

案 夏鼐读书，有些是出于个人爱好，有些是出于工作需要。以上五种属于后一类。滨田耕作师从皮特里，被誉为"日本考古学之父"。克劳福德是柴尔德的好朋友。蒙盖特是苏联考古学家。

小 结

夏鼐学历史，老师是蒋廷黻。

夏鼐学考古，在中国有三个老师：傅斯年、李济、梁思永。傅斯年是历史学家，不是考古学家，但他对夏鼐有不少忠告。李济、梁思永曾建议夏鼐从柴尔德学。

夏鼐留学伦敦大学，注册导师，初为叶慈，后为格兰维尔。他看不起叶慈的学问，但叶慈毕竟当过他的老师，并且对他很器重。

夏鼐写博士论文，主要参考皮特里、布伦顿和布雷斯特德的书。田野技术，主要受惠于惠勒。

1980年，夏鼐在他为《中国考古学研究》日文版写的序言中回忆，"1930年代的英国考古学界，是巨星璀璨、大学者辈出的时代"。[1]他举了

---

[1] 《夏鼐文集》，第四册，426—428页。

那个时代的五个代表人物：埃及考古学的皮特里、美索不达米亚考古的吴雷、希腊考古的伊文思、理论考古学及比较考古学的柴尔德、田野考古学的惠勒。五位大师，他受皮特里、柴尔德、惠勒影响最大。

埃及考古，他受皮特里影响最大（从书本学）。

考古学理论，他受柴尔德影响最大（从书本学）。

田野考古，他受惠勒影响最大（从干中学，学动手能力）。

慈父夏鼐暨
母李秀君之墓

生于一九一〇年二月七日 卒于一九八五年六月十九日
一九〇八年十一月廿五日 一九九三年十二月廿二日

子 正暄 志清
正楷 媳 铁秋 敬立
正炎 凤荣
女 素琴 婿 君渊

夏鼐墓（万安公墓）

夏鼐的『周公之梦』

中国社会科学院考古研究所编《中国社会科学院考古研究所概览（1950—2000）》（中国社会科学院考古研究所，2000年）、**中国社会科学院考古研究所编《中国社会科学院考古研究所（1950—2010）历程》**（中国社会科学院考古研究所，2010年）

（一）"前'文革'时期"（1950—1966年）

1950年8月1日，考古所初建，归中国科学院领导，[1]郑振铎任所长，梁思永、夏鼐任副所长。1954年，梁思永卒。1958年，郑振铎卒。1959年，尹达任所长。1962年，夏鼐任所长。

最初，考古所分行政组、研究组、技术组、图书组、资料组、编辑组。[2]研究组分考古组和历史组。

考古组，最初能下田野的只有十几人。辉县发掘（1950年10月8日—1951年1月24日）有夏鼐、郭宝钧、苏秉琦、安志敏、王伯洪、石兴邦、王仲殊、马得志、赵铨、徐智铭、白万玉、魏善臣；[3]豫西考察（1951年4月10日—7月12日）有夏鼐、安志敏、王仲殊、马得志。[4]长沙发掘（1951年10月8日—1952年1月14日）有夏鼐、安志敏、王伯洪、陈公柔、钟少林、石兴邦、王仲殊。[5]他们当中，夏鼐、郭宝钧、王伯洪、马得志、魏善臣、徐智铭是中研院史语所的老人，苏秉琦、白万玉是北研院史学所的老人，

---

[1] 1949年，中国科学院接收北平研究院史学研究所和中央研究院史语所北平图书史料整理处，次年在史语所图整处旧址（王府井大街27号）成立考古所。图整处是1946年中研院接收日人经办东方文化研究所和近代图书馆的图书而设。参看庞小霞《中国科学院考古研究所筹设考析》，中国社科院考古网。夏鼐是1950年7月10日到北京赴任。承王世民先生告，1950年8月1日建所是夏鼐亲定。

[2] 参看《夏鼐日记》1952年12月19日（卷四，524页）。

[3] 参看《夏鼐日记》1950年10月11日（卷四，325页）和夏鼐《文物和考古》（《夏鼐文集》，第四册，411页）。

[4] 参看《夏鼐日记》1951年4月15日（卷四，375页）。

[5] 参看《夏鼐日记》1951年10月8日（卷四，426页）。

其他是新人。石兴邦是浙江大学的研究生(随夏鼐北上,入考古所),安志敏是北京大学的研究生,王伯洪、赵铨是辅仁大学毕业,王仲殊是北京大学毕业,陈公柔是燕京大学毕业。赵铨、徐智铭、白万玉、魏善臣、钟少林是田野考古的技术人员,负责测绘、照相、监工等事。

历史组,有傅乐焕、冯家昇、王静如、王崇武、尚爱松、贾敬颜、王明、赖家度、程溯洛、王恩庆、钟凤年、许道龄。[1]他们当中,傅乐焕、王崇武、王明、赖家度是中研院史语所的老人,冯家昇、王静如、尚爱松、贾敬颜、程溯洛、王恩庆、钟凤年、许道龄是北研院史学所的老人。1951年,郑振铎曾考虑调周予同来所任副所长,负责历史组。[2]1952年,考古所解散史学组,王崇武调中科院近代史所,尚爱松调中科院联络处,王明、钟凤年、许道龄留所,其他人去了中央民族学院。[3]同年,陈梦家从清华大学调入。此外,北研院的姚从善在图书室工作,陆式薰在技术组画图。

1953年,研究组按时代早晚分三组,史前组为第一组,商周组为第二组,汉唐组为第三组。[4]这三个研究组即1978年社科院考古所分三个

---

[1] 参看《夏鼐日记》1952年9月11、13—19日(卷四,506—508页)。

[2] 《夏鼐日记》1951年9月8日:"上午郑所长来,谈及明年计划,忽提及拟聘周予同、王伯祥二先生为研究员,并以周为副所长,负责历史组事。"(卷四,420页)

[3] 尚爱松,1956年从中科院调中央美术学院,1961年又从中央美术学院调中央工艺美术学院。王明,1957年从中科院考古所调哲学所。冯家昇、王静如,1958年又从中央民族学院调中科院民族所。钟凤年,1961年退休。"三反"期间,考古所开会,冯家昇、傅乐焕对梁思永、夏鼐有意见,认为他们重考古而忽历史,见《夏鼐日记》1952年2月11日(卷四,463—465页)。1952年解散史学组,不仅冯家昇、傅乐焕有意见,向达亦不满,见《夏鼐日记》1952年9月11—15日(卷四,506—507页)。

[4] 《夏鼐日记》1953年7月7日:"下午3时所中开组会议,决定成立研究小组,分别负责,以推进工作。"(卷五,29页)7月10日提到"上午8时研究组第二小组在马市大街开会,由郭宝钧先生主持。下午第三组在王府大街开会,由苏秉琦君主持,总算将两组成立。第一组因为梁先生生病,石兴邦出差,只剩安志敏一人,目前无法开会。与张云鹏、吴汝祚二君谈,他们亦愿意入第一组,目前问题为如何布置他们的学习"(同上)。

研究室的雏形。同样，当时的技术组也是后来技术室(包括照相、绘图、修复三组)的雏形。

1956年，全国定级，夏鼐是一级研究员，徐旭生是二级研究员，郭宝钧、黄文弼、陈梦家是三级研究员，苏秉琦是四级研究员，安志敏是副研究员。[1]这是当时的高职称。

考古所有所谓"三老二公"。"三老"是徐旭生、黄文弼、郭宝钧。徐旭生是1888年12月10日生，黄文弼是1893年4月23日生，郭宝钧是1893年12月25日生。这三位年龄最大，《夏鼐日记》尊称"三老"。"二公"是苏秉琦、夏鼐。苏秉琦是1909年10月4日生，夏鼐是1910年2月7日生。夏鼐，所内多呼"夏所长"，偶尔称"夏公"。苏秉琦，所内多呼"苏公"。其实，建所时，徐老还不到62岁，夏鼐还不到40岁。[2]

这一时期，考古所配合基本建设，派出多支考古队，先后设洛阳工作站(1954年)、西安研究室(1956年)、安阳工作站(1959年)，形成"两站一室"。

夏鼐有"五虎将"，即王伯洪、王仲殊、安志敏、石兴邦、马得志，他们都参加过最早的辉县发掘。另一说，"五虎将"有陈公柔，无马得志。陈公柔参加过长沙发掘，比辉县发掘晚一点儿，1956—1957年在苏秉琦

---

[1]《夏鼐日记》1964年1月13日："返家，对人事处送来关于提升为副研究员的安志敏、王伯洪、王仲殊三人，作学术鉴定。"(卷七，4页)但王巍为王仲殊写的小传说"王仲殊于1979年被破格由助理研究员直接提升为研究员"，参看王巍主编《20世纪中国知名科学家学术成就概览》考古学卷，第一分册，419页。

[2] 梁思永是1904年11月13日生，比夏鼐大六岁不到，梁思永去世时只有50岁，《夏鼐日记》或称之为"梁公"(如1952年4月6日)；黄石林，1922年生，人呼"小黄老"；安志敏，1924年生，也有人管他叫"安公"。

领导下，负责洛阳队的田野工作，[1]后因政治问题不再下田野，主要在资料室工作，1976—1982年被戴上"历史反革命"帽子，在所内监督劳动改造（我到考古所时，他仍在打扫厕所）。[2]考古所的业务工作，核心人物是"王（二王）安石"加马得志。马得志没有高学历，但长期担任西安研究室的主任，陈公柔有高学历，但从未担任重要职务。

1950年代，考古所曾设所务秘书，先后由王伯洪、王明担任。[3]1957年，成立学术秘书组，由"王安石"四人，一人一年轮流当组长。[4]王伯洪，1946年入党，曾负责西安研究室，1974年9月13日去世，是考古所的重要人物，但《20世纪中国知名科学家学术成就概览》考古学卷未收此人。

（二）"'文革'时期"（1966—1976年）

考古所大乱，和全国一样。1966年，陈梦家自杀。1970年，下干校。但这一时期，配合"深挖洞，广积粮，不称霸"，到处挖防空洞，修军事设施，反而"考古大丰收"，如满城汉墓（1968年）、马王堆汉墓（1972—1973年）、小屯南地（1973年）、房山琉璃河遗址（1973年）、大葆台汉墓（1974年）、妇好墓（1976年）的发掘，考古所都曾参与。

（三）"后'文革'时期"（1977—1985年）

1977年，中国科学院的哲学社会科学学部从中国科学院分出，建中

---

[1] 《夏鼐日记》1958年2月8日："今天所中开了一个整天的会，由发掘队的领队人石兴邦、王仲殊、王伯洪、安志敏、陈公柔五位同志作自我检查。"（卷五，352页）在此之前，陈公柔是洛阳队的领队。
[2] 《夏鼐日记》1976年2月17日："下午开全所大会，宣布给陈公柔戴上'历史反革命'帽子，监督劳动改造"（卷八，10页）；1979年7月10日："上午所中陈公柔的堂兄陈符琁来所访我（他由美国回来探亲，原在芝加哥，与何炳棣、董作宾诸人都熟悉），打听陈公柔是否仍在我所。因为陈公柔的事最近已落实，作人民内部矛盾处理，让他出来见面，还陪同去北海公园。"（卷八，327页）
[3] 王伯洪任所务秘书，见《夏鼐日记》1952年4月12、14日（卷四，476—477页）。1957年以前，所务秘书主要是王明。
[4] 1957年后，陈淮、徐景元、王世民曾担任助理学术秘书。"文革"后，科研处代替学术秘书组。

国社会科学院,考古所归社科院。

1978年,夏鼐任所长,王仲殊任书记和副所长,[1]牛兆勋亦任副所长。考古所下设三个研究室,一室(史前):安志敏任主任,佟柱臣、石兴邦任副主任;二室(商周):张长寿任主任,郑振香任副主任;三室(汉唐):苏秉琦任主任,马得志、徐苹芳任副主任。其他四室,实验室:仇士华任主任,李虎侯任副主任;技术室:赵铨任主任,王㐨、张孝光任副主任;图书资料室:王世民任主任,莫润先任副主任;编辑室:卢兆荫任主任,黄展岳任副主任。[2]王仲殊、安志敏成为夏鼐的"左膀右臂"。

1979年,王仲殊、安志敏、石兴邦、佟柱臣升研究员,张长寿、徐苹芳、马得志、卢兆荫、黄展岳、刘观民、仇士华、蔡莲珍、杨鸿勋升副研究员。这是"文革"后第一批提上来的人。我听所里的老同志讲,夏所长说,公共汽车排队上,用不着挤,我们所的助研应该相当其他所的副研,不少人有意见。[3]

1980年,王廷芳调入,任副所长。

1982年,夏鼐任社科院副院长和名誉所长,王仲殊任所长和书记,安志敏、王廷芳任副所长,牛兆勋去世。

---

[1] "文革"前,靳尚谦是办公室主任,林泽敏(林伯渠的女儿)是办公室副主任。1966—1977年,刘亚克从《新建设》杂志社调入,任ān书记。《夏鼐日记》1977年2月10—12日提到全体党员大会连续三天批刘亚克(卷八,78页),8月1日提到刘亚克在全所大会作检查(卷八,109页)。
[2] 参看《夏鼐日记》1978年8月12日(卷八,222页)。
[3] 《夏鼐日记》1985年2月4日:"晚间至李荣同志(语言所)处,谈研究人员提升事,以我们二所皆以从严而受攻击也。"(卷九,434页)案:当年挤公共汽车,就跟打橄榄球似的,没有体力,没有技巧,绝对挤不上去。每天,我从中关村坐332路换103路无轨电车到考古所上班,都会看见王仲殊副所长在排队等车,他根本挤不上车。我听所里人说,王仲殊升任正所长后,所里给王所长配车,夏所长说,把我的车给他,没必要买。

我身边的考古学史

1985年6月19日，夏鼐去世。

（四）后夏鼐时期（1985年以来）

夏鼐去世后，考古所换过五个班子。

第一个（1985—1988年），王仲殊继续任所长和书记，张长寿、徐苹芳、王廷芳任副所长。

第二个（1988—1992年），徐苹芳任所长，徐光冀、高广仁任副所长（高广仁兼书记）；1991年，王立邦调入，任书记，乌恩任副所长。

第三个（1992—1998年），任世楠任所长，乌恩、刘庆柱任副所长，王立邦继续任书记；1997年，张显清调入，任副书记和副所长。

第四个（1998—2006年），刘庆柱任所长，张显清、张国宝、王巍任副所长；2001年，齐肇业调入，任书记和副所长。

第五个（2006—2018年），王巍任所长，白云祥、陈星灿任副所长，齐肇业继续任书记。

二书所记止于2010年。2019年还有第六个班子，陈星灿任所长，朱岩石任副所长，刘政任书记和副所长。

案 考古所建所72年，1985年是转折点。前35年是"夏朝"，后37年是"六朝"。

考古是知识生产，体制最重要。中国有大科学院体制，苏联也有。中科院双古所、中科院考古所均属于大科学院体制。这种体制，与英、美大不相同，与法国也不太一样，英、美的科学院多半是科学家的荣誉性自治组织，只有一堆院士，下面不设研究机构，研究主要在大学。[1]

---

[1] 法兰西学会五院分别建于1635、1663、1666、1795、1816年。德国国家科学院[前身是利奥波（转下页）

夏鼐的"周公之梦"

德国有国家资助和支持的大科学院，如德国国家科学院，前身是1652年利奥波第那一世创建的利奥波第那科学院（Leopoldina）；民主德国的柏林科学院，前身是1700年腓特烈一世创建的普鲁士科学院（Preussische Akademie der Wissenschaften），第一任院长是莱布尼茨。

俄国受德、法影响，也有大科学院。它最初的几位院长都是德国人。沙俄时代的国家科学院，最初叫彼得堡科学院（1725—1917年），是彼得大帝创建。十月革命后，彼得堡科学院改名，先叫俄罗斯科学院（1917—1925），后叫苏联科学院（1925—1991年）。1991年苏联解体后又恢复俄罗斯科学院的旧名。

中国的大科学院，前有中研院、北研院，后有中科院、社科院。中研院的创始人，蔡元培是留德生。北研院的创始人，李石曾是留法生。傅斯年、陈寅恪等人有留德背景。徐旭生留法，苏秉琦参加过中德学会。民国时代的科学院，比较接近德、法二国的传统。当然，史语所的传统还受英、美影响。如李济、梁思永留美，吴金鼎、曾昭燏、夏鼐留英。考古，主要受英、美影响。英、美传统是自由主义传统（典型的私人资本主义传统），德、俄传统是国家主义传统（有18世纪"绝对主义"的背景），法国介于二者之间。

1949年后的中国科学院受苏联影响。苏联科学院成立于1925年，年代与中研院、北研院相近。1945年，柴尔德去苏联参加苏联科学院成立220周年纪念会（因此上了美国的黑名单），220周年是把沙俄时代加一块儿。中俄两国的科学院都是国家设立的大科学院，但不是共产党掌权后才有。

（接上页）第那科学院］建于1652年，柏林科学院（前身是普鲁士科学院）建于1700年。英国皇家学会建于1660年。美国国家科学院建于1863年。

抗美援朝时期（1950年10月—1953年7月），出于战备需要，中科院考古所曾考虑迁往西安。

1956年，中科院考古所建西安研究室，由夏鼐兼研究室主任。陕西省的考古发掘和文物清理工作一度移交中科院考古所西安研究室，陕西省文管会的田野考古及有关人员31人曾调入中科院考古所西安研究室。1958年陕西省考古所成立后，这些人又调回该所。[1] 石兴邦说，中科院考古所西安研究室曾归中科院西北分院管。[2]

1980年代以来的地方考古所皆属文物局系统，不属科学院系统。[3]

《夏鼐日记》（上海：华东师范大学出版社，2011年）

此书史料极为丰富，下面的摘录多与他对体制问题的思考有关。

（一）顺东楼言志

1937年6月6日，夏鼐跟吴金鼎夫妇和曾昭燏在伦敦顺东楼吃饭，谈到国内考古界现状。夏鼐说，"我以为五年中吾人应提倡发掘，今日则应禁止乱掘，让未受训练的人大规模地乱掘，为害较乡人盗掘更甚。又谓中央古物保管委员会、中央博物院及中研院考古组，现为三位一体，但在组织上言之应归为一。否则如落在互相敌视的三个人手中，将来将一事无可为"。[4]

---

[1]《中国社会科学院考古研究所（1950—2010）历程》，177页。
[2] 石兴邦口述、关中牛编著《叩访远古的村庄》，西安：陕西师范大学出版社，2013年，156页。
[3] 1958年，中科院曾在各省、自治区、直辖市设分院（除西藏）。有些分院一度设考古研究所（如山西、陕西、河南三省分院的考古所）。1962年，中科院撤销各省、自治区、直辖市分院（除新疆），成立中南、华东、西北、西南、东北五大区分院。1966年，五大区分院撤销。
[4]《夏鼐日记》1937年6月6日（卷二，112页）。

案　　这种"与其乱挖，不如不挖"，文、博、考古"三分归一统"的想法，一直是夏鼐的核心思想。

史语所的殷墟发掘，从1928年到1937年，不止五年。"五年"，从1937年倒推五年是1932年或1933年。

新中国，国家文物局相当中央古物保管委员会，中国历史博物馆相当中央博物院，中科院考古所相当中研院史语所和北研院史学所。

中国学术传统，考古学从属于历史学。中研院史语所、北研院史学所，都以考古学从属于历史学。新中国也如此。这是历史继承。

（二）迈尔斯辱骂埃及人

1. 1937年12月30日："晚餐后，坐在餐室中闲谈。迈尔斯先生大骂埃及人民，说恨不得将Aswan［阿斯旺］堤溃决，将其人民悉行溺毙。谓其人民贪而懒，欧化之结果，为采取欧俗之皮毛，放弃本国固有之美德，而保存其坏俗，如小费之类。首都政府机关，10时起办公，一到办公室，喝咖啡，阅报纸，弄得11时始开始正式办公，到了1时许，便算完毕。民主政治，政党利用学生，如能代为出力，总可得学位而毕业。我听过后，未免为埃及人民难过，转想到吾国的情形，幸得没有开放外国人进来挖古，否则一定免不得遭骂；传教士与商人的侮骂我国，已是够受，希望不要再添上外国考古学家。"（卷二，142页）

2. 1937年12月31日："晚餐时，迈尔斯先生又谈及埃及人民之虚伪贪婪，谓法律规定女子未满16岁不准结婚，事实上，未有女子不是未满16岁即结婚，医生证明只要2元，医生受贿，即可为之出证明书。人民说谎成性，盖久为他族之殖民地，异族之榨取无所不至，不能不以说谎为护身符也。昨晚，温克勒博士在此间，迈尔斯先生谓工人一组，以误事退罢不用,但有两三人工作成绩尚佳,拟加留用,同罪异罚,似为不公,虽不能尽行公平(Justice),但外表上必须装公平。温克勒博士即谓,吾人不能以吾人之道德标准,对待此间人民。又谓,此间政府规定13岁以下儿童,不得雇用劳作,乃沐猴而冠;欧洲国家,学龄儿童受教育期中,有教育可受,学校可入,若此间儿童,如不雇用,闲散无事,或为家庭作杂事放牛,或在龌龊之街市嬉游,反远不及为发掘团所雇用,尚得受智识及品行之训练(加工资之标准,其一为清洁)。我虽不插进说话,但是心中很不以为然,总觉得帝国主义的气焰太高。"(卷二,142—143页)

3. 1938年1月13日:"据迈尔斯先生云,此间愚民,不知欧人考古之意义,以为挖宝,碑志之类含有金银,可有法采取,曾有人击碎石碑以验之,虽不得金,仍以为未得其法而已。"(卷二,152页)[1]

案 迈尔斯(Oliver H. Myers,1903—1966年),英国考古学家。出身军人家庭,惠灵顿公学毕业,曾在剑桥从事文学、戏剧工作。1927年随布伦顿在埃及发掘,随皮特里在巴勒斯坦发掘,1929年跟伽丁内尔学埃及古文字,从此走上考古之路。1930—1938年他与蒙德(Sir Robert Mond)合作,一直在埃及发掘阿尔曼特遗址。1936年起,迈尔斯任发掘队长。后来出版过发掘报告:《阿尔曼特墓地I》(与蒙德合编)和《阿尔曼特墓地II》。"二战"期间,他服役军中,做情报工作。战后,在中东各国活动。他做过很多考古工作,但在英国从未获得承认。

1937年12月29日—1938年2月2日,夏鼐曾参加他率领的埃及考

---

[1] 英人辱骂埃及人,又见《夏鼐日记》1940年2月4日(卷二,289页)。

考察团在阿尔曼特遗址进行发掘。

此人的"西方式傲慢"让夏鼐大受刺激,以致有人怀疑,此事影响到他后来的"拒绝国际合作"。

(三)决定不去台湾

1949年5月4日:"昨日接到台湾方面来信,今日赴王则诚君处,转达傅先生邀之赴台之意,时局已如此,谁还再走死路。"(卷四,238页)

1949年5月9日:"今日有汽轮自上海来,收到台湾史语所及高晓梅君来信,又新出之《集刊》三册及单行本一包。回忆去年史语所出版之盛况,不禁感慨系之,然我已决定不赴台,解放后,我国当有复兴之机会。"(卷四,240页)

夏鼐后来回忆,"解放以前,我在原先的中央研究院历史语言研究所考古组工作。快解放时,傅斯年当所长,他把整个所搬到台湾去了。所中工作人员愿意跟他们去的便去。也有不愿跟他们去的,便留在大陆。当时我借口说,我家母亲年纪大了,我不去了。在家乡住着,等候解放。"[1]

案 王则诚即王明,夏鼐的温州同乡、温州省立第十中学的同学和史语所同事。1948—1949年,国民党有"抢救大陆学人计划",除个别学者去台湾,个别学者去美国,多数都选择留大陆(包括陈寅恪)。[2] 史语所的不少人,包括夏鼐,包括我的老师,都拒绝前往。

---

[1] 夏鼐《文物和考古——在全国考古发掘工作汇报会上的报告》(《夏鼐文集》,第四册,409页)。
[2] 余英时以"遗民心态"注陈寅恪诗,引陈为知己,但陈所怀之旧在前民国时代,不在国民党,陈欲赴台说无据。

（四）考古所与文物局、历史所的关系

1949年11月3日："接郑振铎先生来函，谓文物局不日成立，下面分三处：图书馆、博物馆及古物处，要我去主古物处当处长。"（卷四，270页）这是来自文物局的邀请。

1950年4月15日："北京有信来，郭沫若院长约我到北京来商谈考古发掘计划。"（卷四，294页）这是来自科学院的邀请。

1950年5月25日："下午接黄宗瓯君来信，[1]谓科学院已发表以余为考古研究所副所长，6月中旬将开院务会议。余拟辞去副所长，专任研究员，不知能得允许否？"（卷四，300页）1950年5月19日，中央人民政府政务院总理周恩来根据中国科学院院长郭沫若提名，任命郑振铎为考古所所长，梁思永、夏鼐为考古所副所长。科学院的任命文件是6月1日。[2]

1950年6月21日："晤及吴均一先生，知政务院委任令已到，辞职恐不可能。"（卷四，305页）[3]

1954年7月1日："上午接院中通知，任命尹达兼任考古所第一副所长，赴郑所长处告知此事。郑先生云，原来有将考古所归并上古史所之意，他很反对，如此解决颇佳。下午至尹达君处，请其下星期来所就职。"（卷五，99页）

---

[1] 黄宗瓯，黄宗甄之误。黄是当时科学院秘书处和编译局的工作人员。
[2] 庞小霞《中国科学院考古研究所筹设考析》附有两张照片：一张是1950年5月19日中央人民政府政务院总理周恩来签发的任命夏鼐为中国科学院考古研究所副所长的通知书，一张是1950年6月1日中国科学院院长郭沫若签发的院正副院长、正副所长等职的任命书（附名单一件，未见）。受文者项填的是"史学研究所"（北平研究院的史学研究所），并有徐旭生的签字"昶 六·一"。
[3] 1952年，"三反"运动期间，夏鼐在所内挨批，曾向郭沫若院长请辞副所长，见《夏鼐日记》2月15日（卷四，466页）。不久，郑振铎跟夏鼐商量，也有辞去正所长的想法，被夏鼐止。见《夏鼐日记》1952年6月11日（487页）、7月3日（492页）。承王世民先生告，他听王仲殊讲，1960年代初，夏鼐也请辞过副所长。

1957年5月25日:"上午所中整风运动开会,有陈梦家、徐旭生、黄文弼、安志敏诸同志发言,我也指出了前年那次院部决定取消考古所、并入历史一所议案手续方面的错误。"(卷五,309页)

1958年7月6日:"午间王世民同志来,谓所中正在考虑接收历史博物馆问题。"(卷五,381页)[1]

1958年10月20日:"晨间广播新闻,说17日由北京起飞的图104号班机失事,机务员及乘客全部遇难,包括我国访问近东的文化代表团团长郑振铎等,我听后不禁怔住了……6月19日我因病请假在家休息,郑先生于百忙中抽空来探视我的病……他知道我已答应秋间赴埃及讲学,希望能一起同机前往。这是我们最后一次的会面。"(卷五,406页)夏鼐住院,因祸得福,如与郑振铎"同机前往",就回不来了。

1962年5月11日:"(下午)靳尚谦主任来,谓党组已接学部通知,尹达同志准辞考古所所长职务,由我继任。"(卷六,255页)

1962年6月21日:"(上午)又宣布院务会议决定关于考古所领导人员更动事,尹达同志辞去兼任所长,由我继任。"(卷六,262页)

案　中国,土地国有,地下文物国有,考古发掘是由国家领导、国家拨款、国家支持的公益事业。这是我国体制。

新中国的考古工作从一开始就分为三大系统:一是科学院系统,如中科院的双古所和考古所;二是文物局系统,如各省、自治区、直辖市

---

[1] 此事当与1959年国庆十周年全国支援中国历史博物馆落建天安门广场有关。《中国社会科学院考古研究所(1950—2010)历程》记载,1958年12月"本年我所派郭宝钧、苏秉琦、安志敏、赵铨等支援中国历史博物馆新馆通史陈列工作。同时,遴选我所历年发掘获得的大批珍贵文物,借调该馆用于陈列"(工作进行至1959年)。

文管会和博物馆下属的考古队（1980年代纷纷独立成所，后来很多又改名为院）；三是高校系统，如北京大学历史系考古专业（1983年独立成系，1998年建考古文博院，2000年改称考古文博学院）。

双古所、考古所是科研单位，文物局是行政单位，高校是教学单位。

新中国成立之初，大家都不太懂考古，夏鼐的想法是，与其乱挖，不如不挖，要挖一定要通过考古所。文物局应该只管文物保护，不管考古，考古最好归考古所统一领导，就像苏联科学院的考古所，全国考古都归它管。[1]他希望考古所能保持独立。但考古所夹在文物局和科学院之间，地位很微妙。最初，郑振铎以文物局局长兼考古所所长，后来尹达以历史一所副所长兼考古所第一副所长。郑振铎去世后，尹达当所长。历史一所的第一任所长是郭沫若以院长兼任，他是考古所的顶头上司。科学院曾考虑把考古所并入历史一所，遭到考古所抵制。

夏鼐的想法是考古一元化领导，但中国考古发展的大趋势是，地方考古日益壮大，高校考古日益壮大，前者归文物局领导，后者归高教部领导。考古所，最后归宿是社科院历史研究院（2019年1月3日），仍受大历史学领导。

（五）修改《文物保护法》（全称是《中华人民共和国文物保护法》）

夏鼐晚年，有三件事最上心，这是头一件，日记经常提到。中国文物法令，"文革"前只有《文物保护管理暂行条例》（1961年颁布），"文革"后才有《文物保护法》。

《文物保护法》有五个版本：1982年版、2002年版、2007年版、2013

---

[1] 夏鼐《文物和考古——在全国考古发掘工作汇报会上的报告》，收入《夏鼐文集》第四册，407—420页。

年版、2017年版。夏鼐参与修订的是1982年版,即《文物保护法》的头一版。这个版本是1977年即"文革"后第二年动手起草,前三稿在王冶秋任上,最后完成于任质斌任上。夏鼐提到的草稿是任质斌任上的草稿,事见《夏鼐日记》卷八和卷九。[1]

1980年5月23日:"外交部冀朝铸同志来所,为我们介绍美国情况,送他走后,至王仲殊同志房中闲谈,谈及文物局关于保护文物新法规问题,我所已提出二点:(1)批准权问题;(2)考古所及古脊椎所例外办理。"(卷八,422页)

1980年6月26日:"上午赴所。谢辰生同志来,交来文物工作会议的任质斌局长讲话稿。阅后至文物局,找谢未遇,便访任质斌局长,谈文物工作会议事,涉及《文物保护法》中'考古发掘'一章,提出几点意见。"(卷八,440页)

1980年7月2日:"上午偕王廷芳同志赴第一招待所,访任质斌局长及谢辰生同志,谈修改《文物保护法》中'考古发掘'一章。"(卷八,441页)

1980年7月8日:"国家文物局的文物工作会议昨天闭幕。今天留一部分代表开一次《文物保护法》的座谈会,由任质斌局长主持,先由他讲话。他传达中宣部朱穆之部长的意见,朱是传达胡乔木同志对于文物保护的意见,说还是从严为是,要有审批;然后他发表自己的意见,约讲了一小时。随后由我讲话,介绍国外及解放后制订的文物保护法令,为这次修改的《文物保护法》提了我的看法,约讲了二小时。下午续开,一

---

[1]《夏鼐日记》1980年5月23、26日,6月26—27日,7月2、4、7—8日,12月23、25—26日;1981年1月1、5—6、9日,5月16日,12月13日;1982年1月13—14日,2月12—13、16—17、19日,3月8日,4月3、29日,5月6、13、31日,7月9日,8月31日,10月4、6、27—30日,11月8、10—13、17—20、22日,12月20、22日。

直到5时一刻。然后由任局长作总结，提出几点意见：一是主动发掘一定要审批，二是抢救工作要补报备案，三是在新法未公布以前仍使用1964年国务院颁布的规则。"（卷八，442—443页）

1980年12月23日："上午所中各研究室负责人聚在一起，讨论《文物保护法》草案，尤其是'考古发掘'一章。"（卷八，498页）

1981年12月13日："上午中国考古学会理事会开会……最后讨论建议书：(1)提高田野考古工作水平；(2)保护文物工作。讨论后者时，陈滋德、谢辰生、高履芳三位同志提出增入'建议国家尽速公布《文物保护法》'。有同志反对，因为文物局草拟一个《文物保护法》，有'文物市场'、'文物出口'等方面条目，虽然已报国务院，实则非大加修改不能用，无益有害。后来决定加入'完善及加强法制'一语。"（卷九，94页）

1982年11月12日："上午至刘大年同志处，他已于昨晚收到《保护文物法》的草案。又至吕叔湘同志处谈此事，返所，将关于'考古发掘'的审批权问题资料打印出来。10时后至文化部，晤及朱穆之部长，将致项淳一同志的信和资料一起交给他，并加说明。他答应和法制委员会协商稍加修改，并答应下午作说明时，补充些有关的话。我又赴院部，想找梅益同志，才知道他去审查郭老故居，尚未回来。我便到北师大教职工宿舍找白寿彝同志，托他在人大常委小组讨论《文物保护法》时，能够支持我的建议。下午赴所。与王仲殊、徐光冀二同志商谈此事，写信并附去资料给张友渔同志。赴院部，晤及梅益同志，他答应晚间至张友渔同志处，商谈此事。晚间，刘大年同志来电话，说下午人大常委开会时，已提出《文物保护法》。由朱穆之部长作说明，在谈到'考古发掘'的审批时，他离开稿子说过去与考古所会同审批，今后仍要由考古所协助审查。会后出来时，刘大年与朱穆之、张友渔同志三人又谈此事，看来作必要的修改，仍有希望云云。我又去邓力群同志家，送去致项淳一同志信的复制本及资料，他说与人大常委秘书长杨尚昆同志通过电话，杨亦同意，但要书面材料，所以邓同志即在信上写几句话，希望能尊重我的建议云云。"（卷九，188—189页）

夏鼐参与修改的《文物保护法》1982年版，下面六条最重要：

1. 第三章《考古发掘》第十七条："各省、自治区、直辖市文物机构、考古研究机构和高等院校等，为了科学研究进行考古发掘，必须提出发掘计划，报国家文化行政管理部门会同中国社会科学院审查，经国家文化行政管理部门批准后，始得进行发掘。"即抢救性发掘以外的发掘必须由文化部文物局和社科院考古所联合审批。[1]

2. 第三章《考古发掘》第二十一条："非经国家文化行政管理部门报国务院特别许可，任何外国人或者外国团体不得在中华人民共和国境内进行考古调查和发掘。"即严格控制考古发掘的国际合作。

3. 第五章《私人收藏文物》第二十四条："私人收藏的文物可以由文化行政管理部门指定的单位收购，其他任何单位或者个人不得经营文物收购业务。"即禁止文物商店以外的单位或个人收购文物。

4. 第五章《私人收藏文物》第二十五条："私人收藏的文物，严禁倒卖牟利，严禁私自卖给外国人。"即禁止倒卖文物。

5. 第六章《文物出境》第二十七条："文物出口和个人携带文物出境，都必须事先向海关申报，经国家文化行政管理部门指定的省、自治区、直辖市文化行政管理部门进行鉴定，并发给许可出口凭证。文物出境必须从指定口岸运出。经鉴定不能出境的文物，国家可以征购。"即严禁文

---

[1] 此条与《文物保护管理暂行条例》第十条大致相同。

物非法出境。

6.第六章《文物出境》第二十八条:"具有重要历史、艺术、科学价值的文物,除经国务院批准运往国外展览的以外,一律禁止出境。"即严禁有价值的文物出境。[1]

上述六条,夏鼐最看重发掘审批权。至于文物买卖和文物出口,他认为,连提都不应该提。

案 "1964年国务院颁布的规则",指1964年8月29日国务院关于批准《古遗址、古墓葬调查、发掘暂行管理办法》的通知所附有关文件。

1985年是个转折点。这一年,夏先生去世。

他走后,《文物保护法》1982年版,上述六条,不是被废止,就是被淡化。如"联合审批"改"征求意见",[2]拍卖被写进2002年以来《文物保护法》的历次修订版,文物买卖和私人收藏合法化。[3]由此引发的后果是,盗掘盗卖,文物走私,一发不可收。有人还美其名曰"弘扬传统文化"(中国的盗墓传统确实很悠久)、"藏宝于民",说什么"鉴宝提高了全民族的文化素质"。这一切的一切,都是他所不及见,也不忍见。

夏先生走后的中国文物现状,可参看姚远《谢辰生口述:新中国文物考古事业重大决策纪事》。

---

[1] 此条与《文物保护管理暂行条例》第十四条大致相同。
[2] 《文物保护法》2002年版第二十八条:"从事考古发掘的单位,为了科学研究进行考古发掘,应当提出发掘计划,报国务院文物行政部门批准;对全国重点文物保护单位的考古发掘计划,应当经国务院文物行政部门审核后报国务院批准。国务院文物行政部门在批准或者审核前,应当征求社会科学研究机构及其他科研机构和有关专家的意见。"
[3] 嘉德拍卖行(全称为"中国嘉德国际拍卖有限公司")成立(1993年5月)是标志性事件。《文物保护法》2002版第五章关于民间收藏文物,内容加详,很多条文都与拍卖有关。

（六）叫停考古国际合作

这是第二件大事。最重要的例子是叫停四川大学与哈佛大学联合考古，见《夏鼐日记》1979—1981年。下面是有关记载：

1979年1月22日："阅张光直教授寄来的合作考古的建议。"（卷八：270页）

1979年1月23日："晨间赴院部外事局，联系关于国际史学会议事及张光直提出考古合作事，与唐恺局长商谈，并与黎澍同志通电话。"（同上）

1979年2月20日："（下午）赴院部，与刘仰峤、鲍正鹄二同志谈中美合作考古事，我主张婉拒。"（卷八，276页）

1979年3月5日："下午赴古脊椎及古人类所访吴汝康同志，商谈关于答复张光直教授建议中美考古合作事，及裴老受聘为考古所所学术委员及研究生导师事。"（卷八，279页）

1981年4月18日："下午1时起飞，2时许抵波士顿，张光直教授及童恩正同志来接，由张教授驾车到哈佛大学教职员招待所，住308室……稍息后，5时半去张光直教授家中……饭后闲谈，张、童二人提到合作考古事，说已经电话建议四川大学，川大极为重视。余告以关于考古所的事，返国后再商量。"（卷九，28页）

1981年5月29日："（下午）又至宦乡同志处，商量与美国合作事……"（卷九，40页）

1981年5月30日："（上午）又至赵复三同志处，谈中美合作事，主张打一报告，加以控制。"（卷九，41页）

1981年6月15日："下午，张光直教授由郑州（登封）、成都及武汉三处考察回来，略谈与四川大学商谈合作经过。"（卷九，45页）

1981年7月23日："徐中舒先生由林向同志陪同，前来拜访，谈及川大与哈佛大学合作考古事……"（卷九，55页）

1981年9月29日："童恩正同志来，谈在美国已与哈佛大学谈妥，教育部亦已批准，将于明年起合作进行西南石器时代考古。我邀童同志到自家共进午餐，加以说服，考古工作不能与外国人合作，不能贪小便宜，将研究权拱手让人。他亦首肯，事已至此，他亦无能为力。下午赴所，王仲殊同志谈上午院中开会谈新房子分配问题。我赴院部，晤及梅益同志，谈及四川大学与美国哈佛大学合作事，他亦不赞成，商量补救方法。"（卷九，73—74页）

1981年9月30日："（上午）赴院部，与王刚同志谈亚洲考古会议事，又谈四川大学与哈佛大学合作事。又与梅益同志商谈此事，他答应代为教育部联系。"（卷九，74页）

1981年10月4日："午后我偕乌恩同志至童恩正同志的哥哥家中，遇及其父母，知童同志已于今日上午离京返川，坐谈一会儿。"（卷九，74—75页）

1981年10月11日："11时许赴于光远同志家，商谈对外学术研究合作事（中美考古），他也不主张将研究权让于外国人，并且说方毅副总理下星期将赴美国谈交流合作问题，要我写一书面报告由他转交。下午将报告写好。晚间转交给他的秘书刘同志。"（九卷，77页）

1981年10月16日："上午赴所。为中外合作考古事，以电话与梅益同志联系。"（卷九，78页）

1981年10月31日："下午在家，与赵复三同志通电话，知教育部方面态度很僵硬，要另想办法交涉。与王仲殊同志通电话，他要我与于光远同志通电话，于答应向方毅同志请示，再与教育部交涉。"（卷九，82页）

1981年11月2日："上午赴院部，晤及赵复三同志，谈川大、哈佛合作考古事。"（卷九，83页）

1981年11月4日:"上午赴院部,晤及赵复三同志,商谈中美交流问题。"(卷九,83页)

1981年11月8日:"上午至邓力群同志处,他正在赶写人大代表的文件,我将中美联合考古拟议的事与他说了。他立即打电话给蒋南翔部长,蒋亦同意我的意见,以为不搞为是,邓要他管一管这事。邓叫我起草一说明,交给他转教育部。"(卷九,84页)

1981年11月9日:"(上午)我赴院部,将昨日所草的书面材料交赵复三同志审阅修改。"(卷九,同上)

1981年11月10日:"(上午)至宦乡同志处,他昨天刚由瑞典、西德归来,我汇报关于川大与哈佛大学联合考古事,他说西德也曾提出,已加婉拒。"(卷九,85页)

1981年11月11日:"上午赴所。将托邓力群同志转交的书面材料附上一函,下班时送到他家中。"(卷九,同上)

1981年11月13日:"晨间赴于光远同志处,送他日文版《论文集》一册,谈中美合作事。"(卷九,同上)

1981年12月22日:"(上午)散会后,到宦乡同志及赵复三同志处,谈川大与哈佛大学合作事,闻现已作罢。"(卷九,96页)[1]

1983年2月2日:"上午赴所,童恩正同志来,为《昌都卡若》报告定

---

[1] 1982年,张光直邀安志敏、徐苹芳到哈佛驻访,夏鼐以"高级研究人员不能长期离开我所到外国去工作"为由,"拟婉拒之",见《夏鼐日记》1982年3月15日(卷九,117页)。1984年,张光直向北大提出交流计划,见《夏鼐日记》1984年1月4日(卷九,313页)。案:安志敏在《张光直先生与中国考古学》一文中回忆,"1985张先生邀我去美国哈佛大学作半年的访问。但事前我毫不知情,也未见到邀请信,竟被我方谢绝,当我事后得知此事,已经是无可挽回了",见《四海为家——追念考古学家张光直》(北京:生活·读书·新知三联书店,2002年)68页。我怀疑,"1985年"是他和张光直在威尼斯见面听说起此事的年代,并非发出邀请的年代。

稿也。谈最近西南考古工作,并为前年四川大学与哈佛大学商定合作西南考古事作解释。"(卷九,212页)

此外,夏鼐以《文物保护法》第二十一条为由,先后谢绝各国提出的合作意愿。如拒意大利合作,见1981年5月8日日记(卷九,35页);拒法国合作,见1981年11月10日日记(卷九,85页);拒西德合作,见1981年11月10日、1982年7月21日日记(卷九,152页);拒日本合作,见1984年6月28、29、30日和1985年5月13日日记(卷九,371—372、466页)。

《夏鼐日记》1985年3月10日提到:"傍晚至邓力群同志处,他告诉我,人家将我的讲话送给他审阅,他加了按语,交《光明日报》全文发表。他也很赞成我的观点,是'反潮流'的,最近潮流有所改变,可以发表了。"(卷九,445页)这在当时,确实是"反潮流"。

案 "改开"以前,中国没有国际合作的考古。

1956年,苏联曾提议与中国合作发掘安诺遗址,见《夏鼐日记》1956年8月24日(卷五,248页),被拒。

1973年,秘鲁也提出过与中国合作发掘,见《夏鼐日记》1973年4月26日(卷七,343页),同样被拒。

1963—1964年,中科院考古所与朝鲜社会科学院组成联合考古队,在东北三省和内蒙古东部进行考古调查和考古发掘。这是唯一例外。当时,夏鼐是名义上的中方队长,实际不参加,由牛兆勋代理队长。安志敏率第一组在辽宁和内蒙古宁城、赤峰调查、发掘。王仲殊率第二组在吉林和黑龙江调查、发掘。发掘材料,见朝鲜社会科学院编《中国东北地方遗迹发掘报告》(平壤:朝鲜社会科学出版社,1966年)、社科院考古所编《双砣子与岗上——辽东史前文化的发现和研究》(北京:科学出版社，1996年)和《六顶山与渤海镇——唐代渤海国的贵族墓地与都城遗址》(北京：中国大百科全书出版社，1997年)。

"改开"以来，夏鼐先后拒绝美、意、法、德、日等国的合作意愿，尤以叫停哈佛大学与四川大学合作事最有代表性。

(七)周家油坊事件

1982年6月28日："又发生了中科院与史密森学会合作发掘吉林省榆树县周家油坊旧石器地点事。他们以化石地点为名，蒙混国务院获得批准，下月即开始工作。"(卷九，147页)

1982年6月29日："(上午)赴院部，晤及梅益同志，谈及王㐨同志要去沈从文同志处，及中科院与美国史密森学会合作发掘吉林省榆树县周家油坊化石及旧石器地点一事。"(同上)

1982年6月30日："晚间与邓力群、梅益二同志通电话，谈史密森学会来华作古生物及考古调查发掘事。"(卷九，148页)

1982年7月1日："(上午)与王仲殊、王廷芳二同志，听徐光冀同志关于洛阳电厂选址的报告，又商谈史密森学会的事。"(同上)

1982年7月2日："上午赴院部，与王平同志谈访美代表团事。返所，参加研究生答辩委员会主任委员小组会，讨论注意事项。庄敏同志来谈中科院与美史密森学会合作考古事，及洛阳电厂事。"(同上)

1984年12月20日："上午赴民族文化宫参加北京猿人第一个头盖骨发现55周年的纪念会，由吴新智副所长主持，发言者有发起单位的领导人卢嘉锡院长、张弥曼所长(女)、戴逸(北京史学会长)、方毅、周谷城、严济慈、刘导生等。吴新智要我也讲几句，我接着方毅讲话中将北京猿人头骨的发现视为中国科学界得到的第一块金牌这句话，乘机提出两点：

第一像奥运会一样，我们可以请外国教练，派人到外国取经，但不能取与外国合作的方式，如果取得金牌的国家队是由外国人才获得，那便不算很光荣。第二是国家队要吸收全国的第一流人才，而不是把人才散到全国各地，否则地方队固然在国际比赛中搞不好，连国家队也垮了。接着贾兰坡拿着准备好的稿子念，仍然说发掘周口店的国际合作是我国科学工作的样板，值得学习。"（卷九，420—421页）

案 承曹明明告，"1981年秋天，中科院古脊椎所的胡长康和盖培，带领美国史密森学会和美国国家自然博物馆的海因斯博士、古人类学家斯坦福博士等人前去周家油坊考察。胡长康先生是地质学家刘东生先生的夫人，是研究渐新世哺乳动物的。这个遗址最早是50年代初发现的，采集到人的化石，当地学者还命名为榆树人。1956年夏天，裴文中先生已经对榆树周家油坊进行了发掘，发现了猛犸象等动物化石。后来进行了碳-14测年，年代大约距今3万年"。

夏鼐拿奥运会打比方。显然，在他看来，考古是国家事业。第一，中国考古应当由中国人自己来办，而不是像周口店发掘，靠国际合作；第二，考古人才应集中于中科院双古所和社科院考古所这样的"国家队"，而不是文物局系统的"地方队"。

夏鼐以社科院考古所和中科院双古所为"国家队"，文物局系统的地方考古队为"地方队"，拿高校当选拔人才的"训练基地"，就像中国女排从地方女排千挑万选，而以漳州基地为训练基地，出战奥运会、世界杯。

（八）编写《中国大百科全书》考古卷

这是第三件大事。此卷编委会，主任是夏鼐，副主任是考古所的王仲殊、安志敏，历史所的张政烺，古脊椎和古人类所的贾兰坡，北大考古系的宿白，分别代表四个有关单位。委员，除上述各位，还有考古所的苏秉琦，历史所的尹达和胡厚宣，双古所的裴文中，中国历史博物馆的王振铎，东北师大的林志纯，加上文博系统和世界史方面的人。顾问是四个古文字学家：于省吾、徐中舒、容庚、商承祚。

各分支学科编写组分七组。概论，主编夏鼐，副主编王世民。旧石器，主编贾兰坡，副主编吕遵谔，成员邵望平。新石器，主编安志敏，副主编佟柱臣，成员任世楠。商周，主编张政烺，副主编张长寿，成员殷玮璋。秦汉，主编王仲殊，副主编卢兆荫、黄展岳，成员徐光冀。汉以后，主编宿白，副主编徐苹芳，成员杨泓。国外部分，主编林志纯，副主编石兴邦、朱龙华，成员张广达、莫润先。

《夏鼐日记》卷八开始提到《中国大百科全书》考古卷，[1]卷九频繁出现，[2]直到去世前两天，他仍在校阅此卷。

前言《考古学》是夏鼐的绝笔之作，最能代表他对考古学的理解。这篇前言，日记叫"总条"。"总条"分四节。第一节《考古学的定义和特点》，1983年1月2日动笔，最初写了两三千字，后来稿子找不见，10月23日重写，11月6日写完。第二节《考古学简史》，1985年1月1日动笔，4月11日和14—15日接着写，16日写完，5月6日打印。第三节《考古学的方法论》和第四节《考古学的分支及其与其他学科的关系》，3月25日

---

[1] 《夏鼐日记》卷八：1980年4月18日、10月10日、12月31日。
[2] 《夏鼐日记》卷九：1981年1月26—31日，2月19日，2月26日，3月15、20日，5月4—5、11、24日，6月10、19、23日，7月6、10、13—15日，11月11日；1982年2月20、22日，3月5日，6月19日，7月29日，11月18日；1983年1月2—3、7—8、22、24日，4月18—19日，6月25日，7月22日，8月30日，9月5—6日，10月23日，11月6日，12月3、31日；1984年2月20日，12月30—31日；1985年1月1日，3月22—23日，4月11、14—16日，5月2、5—6、8、10、14—20日，6月1、3、15—16日。

交王仲殊写。5月14—19日，编委会在西山华北军区招待所开定稿会。15、16日，讨论"总条"（连同王世民撰写的《中国考古学简史》《中国考古学年表》），22日对"总条"做最后修改，次日与王仲殊商酌定稿。最后署名是他和王仲殊两人。

该卷《外国考古学简史》词条共收49人，其中有柴尔德，无宾福德。前言第二节《考古学简史》的"继续发展期"提到宾福德和他的"新考古学派"，只有短短五行字，评价不高。

此书正式出版是1986年，夏鼐、尹达、裴文中、于省吾、容庚均已去世。夏鼐没能看到它的出版。

案 这是夏鼐的"修《春秋》"。"修《春秋》"是为了统一思想，为后世立规矩。

（九）批评"公司热"

夏鼐对社科院和中科院的"公司热"非常反感。

1. 1980年1月25日："晚间至邓力群同志处，商谈所事，兼及院事。邓有消极意，说干不下去了，要离开社科院，但为其企业化办法辩护，说没有要全院企业化，只要行政方面企业化。"（卷八，378页）

2. 1980年7月10日："下午赴院部，在鲍正鹄同志处稍谈，他对今天上午院部召开的人文科学发展公司会议很不满意，尤其是对某同志发言，说要对各所的外汇收入，全部归公司掌握，各所室应加强调查，广开生财之路，统一价格，统一管理，甚是荒唐。"（卷八，443页）

3. 1985年2月10日："（下午）至席泽宗同志处，询问关于自然科学史国际会议事，打听中国科学院改革方案，据云已成立一发展公司，于各所设

分公司，又将于国外设办事处做生意，由谷某为董事长。"（卷九，436页）

4.1985年2月28日："下午赴所，然后偕苏秉琦、佟柱臣同志赴北大勺园招待所，参加中国考古学会第五届年会报到……我去晚餐时遇及到会各地代表，一一握手。我同桌吃饭的有贾兰坡同志，谈到科学院近来改革情况，现在一是调整领导班子，张弥曼当所长（年轻的女古生物学家），二是减少国家拨款，自己想办法搞钱，鼓励开公司。我问他，你们是不是可搞一个龙骨出口公司？他笑着说不能这样搞，如果这样搞，我们真是成为靠龙骨吃饭的家伙了。"（卷九，441页）

案 1980年代，夏鼐曾提出去"三化"：衙门化、宣传部化、企业化。见《夏鼐日记》1980年3月11日（卷八，388页）。

关于席泽宗所说中科院办公司事。我请张鹿同志向中科院的老人打听。2022年2月13日，张鹿从中科院院史专家张宗扬教授得到的答复是：

> 这事估计是一些道听途说的讹传。1985年的时候，有传说把中科院改为公司甚至有人提出承包中科院，可以赚钱上缴国家等等。席先生其实不很了解院部决策，但他比较喜欢听和传这一类的东西。记得我做院史之初，曾听他讲过几件他道听途说的事，后来核实都不是那回事。
>
> 此事可能是指院直属东方科学仪器进出口公司，该公司成立在1981年，开始几年实际上是技术条件与进出口局的另一块牌子，1985年初东方科学仪器进出口公司独立，主要从事科仪外贸。谷某可能是指谷羽，胡乔木的夫人，原新技术局局长，当时是北京正负电子对撞机建设领导小组的主要负责人，这个工程有大量进口业务，

所以外面猜测谷能以特殊身份办公司。但东方科仪独立后，负责人另有其人。这个公司现在还在，而且做大了，是个集团公司，院属单位网站群里有该公司的网站，可以参看。

1980年代的"公司热"是全国性的问题。那时的"哭穷"，那时的"失魂落魄"，很多人已经忘了，但反映那一时期的影视作品还留有痕迹。1985年，我调北大，到处都弥漫着这种气氛。1990年代，情况仍如此。1993年北大推倒南墙办商店，2021年重竖南墙，给我留下深刻印象。

（十）关于宾福德的评价

1. 1980年4月30日："到万灵学院已12时许，院长F. P. Neil［尼尔］迎接我们，酒会叙谈，又设宴招待。坐在我旁边的Cunliffe［坎利夫］，剑桥出身，为Graham Clark［格雷厄姆·克拉克］的弟子，两年前才来牛津任教授，是英国古物专家，现主编World Archaeology［《世界考古学》]杂志……他说现下新考古学又不行时了。昨天博德曼教授也说，考古学研究仍应以古物古迹研究为主，不能务虚空谈，此乃英国考古学传统也。"（卷八，404页）

2. 1984年7月12日："今天在家，阅L. R. Binford, *Working at Archaeology* Part I, Paradigm Growth and Theory Building［宾福德：《考古学研究》第1部分"范例生成和理论建立"］(pp. 1-62)。"（卷九，375页）

3. 1984年7月15日："下午阅宾福德《考古学研究》的第8、12、17、26四篇'总论'，及第13篇'历史考古学'。"（同上）

4. 1985年3月28日："（下午）6:10，伦福儒拉我到Sabloff［萨布洛夫］家，有一Tea Party［茶会］，遇及L. Binford［宾福德］夫妇（原配合写书

的夫人已于去年逝世,这是年轻的新夫人)。"(卷九,450页)

5. 1985年5月29日:"上午古脊椎所接待的宾福德夫妇来所访问,他是美国'新考古学'的领袖,但60年代以后,实际上是作Ethnoarchaeology[民族考古学]的工作,利用民族志材料,以阐明旧石器考古学的问题,思想极为敏锐,对许多问题都有新看法。他也承认60年代以后,他的门徒所提倡的考古学,走了偏向的道路,表示他与这种'新考古学'无关。至于他原来的主张,强调方法论,强调理论,仍是未变。但承认自己和他们一派仍没有得出社会或文化发展的新规律。对于周口店地点,无目的地重新发掘,表示不同意,以为整理已获得的材料,提出问题,依照问题论定发掘计划,再加发掘,否则还是不掘而保存不动为佳。又谓Core[石核]与Flake[石片],或Microlith[细石器]与Macrolith[大石器]的区别,并无意义。遗址中发现虽多少不同,那是遗址性质问题,实则这一群人(或文化)二种石器工业都有,甚至于同一作业便产生石片和石核。参观标本室。我们送他以英文本《中华人民共和国的考古新发现》(联合国教科文组织版)。下午,镇江市委副书记沙荣盛、文化局长眘明章、镇江博物馆馆长陆九皋来所访问。阅读Binford: *In Pursuit of Past*[宾福德:《对过去追踪》](1983)一书。"(卷九,470页)[1]

6. 1985年5月30日:"下午在家,阅宾福德《对过去追踪》一书。"(卷九,470页)

7. 1985年5月31日:"今天在家,以整天的功夫,阅毕宾福德的书(pp. 1-242)。"(卷九,470页)

---

[1] *In Pursuit of Past* 即 *In Pursuit of the Past*,今有陈胜前译本:宾福德《追寻人类的过去——解释考古材料》,上海:上海三联书店,2009年。

案 夏鼐晚年接触到新考古学。他读过宾福德的书(两本),见过宾福德本人(两面),对新考古学评价不高。

《夏鼐文集》(《夏鼐文集》编委会编,执行主编为王世民,北京:社会科学文献出版社,2017年)

文集有两个版本:2000年版,全三册,收文141篇;2017年版,全五册,213篇。这里用2017年版。

第一册,属于"考古学通论",前有王仲殊《夏鼐先生传略》,王仲殊、王世民《夏鼐先生的治学之路》。有关考古学理论和考古学概念的文章多收于此册。

第二册,属于"中国史前时期考古研究"(第二编)和"中国历史时期考古研究"(第三编)。其中关于考古文化定名的两篇文章很重要。

第三册,属于"中国科技史的考古研究"(第四编)和"中外关系史的考古研究和外国考古研究"(第五编)。

第四册,属于"考古漫记与述评、短论等"(第六编)。

第五册,属于"历史学研究和其他方面文章"(第七编)。后附《夏鼐先生学术活动年表》和《编后记》。作者早年的文章多收于此册。

下面做一点摘录。

(一)夏鼐评"新考古学"(《什么是考古学》,收入第一册,236—246页,原载《考古》1984年10期)

1."作为一门历史科学,考古学不应限于古代遗物和遗迹的描述和系统化的分类,不应限于鉴定它们的年代和确定它们的用途(即功能)。历史科学应该是阐明历史过程(processes)的规律。当然,资产阶级的历史科学家,包括考古学家,有些人是不承认历史过程有客观的规

《夏鼐文集》

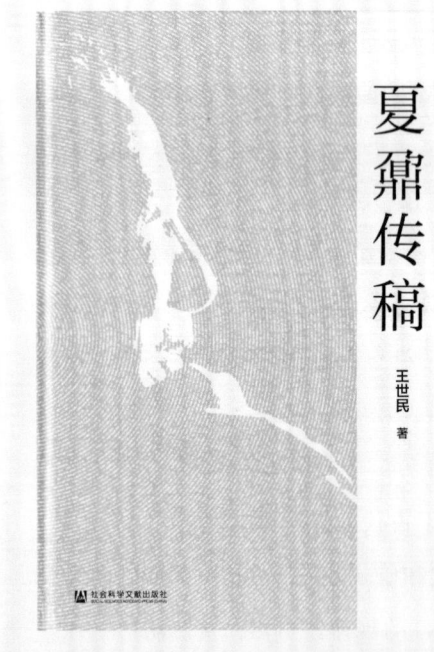

《夏鼐传稿》

律。因之，他们以为历史事实之外，只有史料鉴定学和历史编纂学，而没有阐明历史过程规律的史学。有些人承认有客观的规律，但又把它同自然科学的规律，混为一谈。像60年代美国的'新考古学派'（New Archaeology），似乎便犯了这毛病，他们以为考古学的主要目标便是探求'文化动力学的规律'。他们叫嚣了20多年，'新考古学'变老了，但是他们仍然没有拿出一条大家公认的新规律来。"（240—241页）

2.附注二：关于考古学的定义，其中最后一段是评价"新考古学"，已见上篇第三章"五个不等于"节引，从略。

案 夏鼐去世前读过宾福德的书，见过宾福德本人，见上《夏鼐日记》引文。这是夏鼐去世前一年（1984年）所写。

（二）夏鼐再评"新考古学"（《考古学》，收入第一册，247—285页，原载《中国大百科全书·考古学》卷首，与王仲殊合作）

1."有的历史学家，其中包括考古学家，不承认历史发展存在客观的规律。他们认为，除了论证历史事实之外，只有史料鉴定学和历史编纂学，而没有阐明历史发展规律的广义的史学。这当然是错误的。有的学者，例如20世纪60年代美国的'新考古学派'，虽然承认历史发展有客观的规律，但却把这种规律与自然界的规律混为一谈，这也是不对的。"（252页）

2."在20世纪60年代，美国兴起以L. R. 宾福德为首的所谓'新考古学派'，主张考古学应该是一门研究'文化过程'的科学，研究的目标在于探求'文化动力学'的规律。他们撰造一些别人难以懂得的术语，以阐述他们的范例和理论，提出他们的模式和规律。他们的主张虽然过于片

面，似乎没有为学术界提供建设性的效益，但可以看作是对传统考古学流于繁琐的一种反抗，可以促人深思和反省。"（265页）

案 这是夏鼐去世后一年（1986年）才发表。

（三）夏鼐论"考古学文化"（《关于考古学上文化的定名问题》，收入第二册，158—165页）

此文为编写《十年考古》（1961年正式出版，题目作《新中国的考古收获》）而作。原载《考古》1959年4期。夏鼐引用《苏联大百科全书》和柴尔德《重缀过去》中的"考古学文化"定义，论证"考古学文化"是"某一个社会（尤其是原始社会）的文化在物质方面遗留下来可供我们观察到的一群东西的总称"（158页），是一种"共同体"（159页）。

他强调，"考古学上对于原始社会的'文化'，大多数是以第一次发现的典型的遗迹的小地名为名"（159页）。"文化"和"时期"应有所区别（160页）。这种"文化"与用国族或朝代命名的"文化"（如"巴蜀文化""殷周文化""秦汉文化""隋唐文化"）也不同。它的命名要具备三个条件，"第一点是：一种'文化'必须有一群的特征"（162页），"第二点是：共同伴出的这一群类型，最好是发现不止一处"（163页），"第三点是：我们必须对于这一文化的内容有相当充分的知识"（164页）。

案 夏鼐读柴尔德《重缀过去》，见《夏鼐日记》1956年11月18日（卷五，276页）。《苏联大百科全书》"考古学文化"条有中文译文，见《考古通讯》1956年3期，89—90页。

(四)夏鼐再论"考古学文化"(《再论考古学上文化的定名问题》,收入第二册,166—177页)

此文写于1961年,是对前文的补充,当时曾打印若干份,在考古所内部征求意见,外间看不到。全文分四个小节。

1.什么是考古学文化。作者采用的是蒙盖特《苏联考古学》的定义:"考古学文化是一个约定俗成的名词,考古学家使用它来指考古遗存的一个综合体。这些遗存是由属于同一时代分布于共同地区并且有共同的特征而结合在一起。一个文化的通常的命名法是用它的任何特征之一;所选的特征常常并不是最重要的,而是最引人注意的和最容易记忆的:陶器的形式和纹饰,埋葬礼制(例如'木椁墓文化'是由于埋葬在木椁墓而命名的),或者这一文化的最典型的遗存第一次被发现的地点,例如罗姆尼文化是由于这文化的遗址在罗姆尼城附近被发掘出来而命名的。"[1]

2."考古学文化"概念在学术研究中所起的作用。作者再次讨论"文化"与"时期"的区别,以及这个概念的复杂性。此节末尾批判步日耶的反进化论和德奥的"文化区"派。作者说,"德国的科辛拿和他的随和者,以'文化区'或'文化圈'的概念来代替'考古学文化'。他以为一个'考古文化区'是和一个特定的部族或部落相符合的。古代的各民族可以由一些'考古学文化'中认出来。每一文化的特征和命运是由它的创造者的种族特性来决定的。他们从种族主义出发,以为日耳曼种族的优越性使之创造了优越的文化。他们不知道考古学文化是社会科学范畴的而不是生物学范畴的概念"。

3.怎样来为考古学文化命名。通常用特征命名或地点命名,作者更

---

[1] А. Л. 蒙盖特《苏联考古学》,10页。

倾向后者。

4.谈谈细石器文化和小屯文化的名称问题。

案 夏鼐读蒙盖特《苏联考古学》,见《夏鼐日记》1958年1月26日(卷五,349页),1960年6月13—14、23日,7月1、3、14日(卷六,103、105—107、109页)。

此文与1958—1960年夏鼐恶补俄语,阅读俄文书有关。

(五)夏鼐论文物与考古的关系(《文物和考古——在全国考古发掘工作汇报会上的报告》,收入第四册,407—420页)

1.全国性的统一领导。"有人讲,你们考古所可以做,我们地方的考古所就不能做?这并不是能做不能做的问题,而是统一领导的问题。现在各省、直辖市、自治区都有文物工作系统,有的又在它们社会科学院下面另设立一个考古研究所。有的省在文物处下设有文物研究所,省社会科学院又来一个考古研究所。我们还是要讲讲历史,谈谈解放初期中央对于考古工作的设想和安排。当初政务院要在中国科学院内成立考古研究所;文化部方面成立文物局,局下面成立文物处。郑振铎先生是局长。他最初曾有这个想法:文物处要有考古发掘队,他要我去当文物处处长,可是后来呢,中央的领导,包括郭老和郑先生,最后决定中央文物工作中保护文物的行政工作归文物局,搞研究和发掘归考古所,由郑先生以局长兼所长,就是统一领导。以后换了人,就不兼职了。但是工作还是两个单位分工合作,一个是行政领导,便是保护文物。一个是搞业务,便是考古学研究,兼做发掘工作和室内整理研究。这仍可说是统一领导。保护文物,搞好发掘工作,是我们都应该做的事。中央和地方在具体工作上可以分头做,

但一定要有一个全国性的统一领导。"（417页）[1]

2. 发掘审批权。"在苏联，考古发掘审批的权力都在苏联科学院考古研究所，还有个文管会，配合科学院考古所，做些行政管理工作。我们是由文化部文物局和中国社会科学院考古研究所会同审批，统一领导。"（417页）

3. "文物学"是"考古学"的一部分。"上一次考古学会开会时，有位同志问我考古学与文物学有什么不同？现在各地方有考古研究所又有文物研究所，这两种研究有哪些不同？考古发掘中出土的古代文物，它不一定像字画那样有很高艺术价值，他们的价值是年代古老和能解决历史问题。但是研究古物，是研究考古学的一部分，是它的一个重要部分。考古不研究古物怎么去考古？所谓'文物学'，在中国以前叫古器物学。解放以后'文物'二字才通行起来。罗振玉提出'古器物学'一名词，他认为金石学是古器物学的一部分，古器物学包括金石，还有旁的古物，例如陶瓷，甲骨，等等。现在我们讲考古学就是包括古器物学在内，考古学是通过研究古物来研究古代人的生活和他们的社会、经济、宗教等各方面情况的一种学科。它的目的和历史（狭义的）一样。狭义的历史学是通过文献来研究历史，我们考古学是通过古物来研究历史，两者结合起研究就会更好地了解古代。史前学的研究，主要是依靠考古材料。我们对于史前史的研究，就是史前考古学。"（418页）

4. "我觉得，以后管理文物的叫文物事业管理局。研究古代文物，那就叫考古研究所，国外，研究古代文物的都叫考古学。以前我给文物

---

[1]《夏鼐日记》1954年5月12日："下午安志敏君来谈，社管局明晨召集各行政区文物干部谈工作队组织事，似有撇开我们不管之势，余劝之不必介意。"（卷五，90页）

局一位领导同志说：你不要以为光提考古学而不提文物，文物局的成绩就显不出来，好像它便没有份。《文物考古三十年》，它里面讲的几乎都是考古成果。日文译本的书名便叫《中国考古学三十年》。日语中文物称作'文化财'，不可能给你翻译做'文化财考古'，'考古学'就够了嘛。英文呢，也只能译成《中国考古学三十年》。以前，文物局出国的展览都叫'文物考古新发现'，实则'考古'两个字就够了，'文物考古'一词翻译成外文，都是'考古学'或'考古学的'。文物保护法，不可能写成文物考古保护法。保护文物不能说是保护考古。我们的考古工作要协助做好文物保护工作。保护文物工作也就是为考古研究工作保护好古物标本。"（419页）

案　　此文是1984年3月12日下午在文化部文物局于成都召开的全国考古发掘工作汇报会上报告的记录稿，距他去世只有一年零三个月，最能反映他去世前关注的事。

考古所的杂志叫《考古》《考古学报》，文物局的杂志叫《文物》。都是1959年才有的刊名。《文物》的前身是《文物参考资料》（1950—1958年），《考古》的前身是《考古通讯》（1955—1958年）。《考古通讯》创刊比《文物参考资料》晚。

文物局（文化部文物事业管理局）成立于1949年11月。1951年12月改名"文化部文化事业管理局"（简称"社管局"）。1955年恢复旧名。《夏鼐日记》1954年5月31日："上午在所中开会，为筹备《考古通讯》事也。北大向觉明君，社管局谢元璐、高履芳二君，我所苏秉琦、金学山二君，大家对创办这刊物都是同意的。但社管局方面颇想把持发表新材料的权利，向觉明君主张采取'公私合营'的办法，最后决定拟一个编辑委员会

的名单，再召集一次编委会来决定一切。"（卷五，93页）

夏鼐不喜欢"文物""文物学"的提法。这不是名词之争，而是体制之争。他羡慕苏联科学院考古研究所对苏联考古审批权的"一元化领导"，担心中国考古发生体制之变。

西方考古重海外殖民、海外探险。探险是为博物馆供货。博物馆靠私人赞助，藏品以海外为主，考古以海外为主。早期考古学家多半是私人赞助的探险家，出名靠发现。学院派的考古研究出现比较晚，主要在大学，不在他们的各种科学院组织。文物保护主要针对国内考古（如美国的CRM），基建类的随工清理主要靠开发商和考古公司，即"合同考古"（contract archaeology）。[1]

中国不同。土地国有，文物国有。中国有"大科学院"传统、科研的"举国体制"。文物保护和配合基建的随工清理主要靠文物局系统的地方考古队和地方考古所。博物馆，清一色都是国立，私人博物馆只是近年才发展起来。西方考古学家到中国参加合作发掘，中国派考古队去海外，也已经不是什么新鲜事

中国的考古勘探公司，最有可能发展成西方的考古公司。目前，考古勘探公司在中国各地蓬勃发展。2017年6月28日国家文物局印发《考古勘探工作规程（试行）》。中国的考古勘探公司向何处去，大家正拭目以待。

中国文物市场化、旅游化是夏鼐非常担心的事情。考古会不会变成西方体制，这是他更担心的事情。

---

[1] 有人呼吁，中国考古应借鉴北美考古的这两项政策，参看陈淳《为未来保存过去——美国、加拿大的文化资源管理与合同考古学》，《东南文化》1994年5期，60—66页。

夏鼐《埃及古珠考》（颜海英、田天、刘子信译，北京：社会科学文献出版社，2020年）

此书是夏鼐博士论文的中译本。

论文前有致谢名单，除英国导师格兰维尔、中国导师李济，还有九人：鲍姆加特尔、布伦顿、卡顿-汤普森（Miss Caton-Thompson）、柴尔德、卢卡斯、迈尔斯（Mr. O. H. Myers）和皮特里爵士，以及开罗博物馆的恩格尔巴赫先生和阿什莫林博物馆的迈尔斯先生。

此书有2014年德国Springer出版社的英文本。前有斯蒂芬·夸克写的导言："21世纪见及夏鼐的《埃及古珠考》"，译文收入此书。夸克说，夏鼐最初到伦敦是想得到皮特里的指导。他说，"皮特里的《考古学的方法和目标》(1904)可能是个决定性的因素，如果此书在1938年前的北京各大学中已广为人知的话"(1页)。

案 前一个迈尔斯（Mr. O. H. Myers），即带夏鼐在埃及发掘者。

"开罗博物馆的恩格尔巴赫"，即Reginald Engelbach (1888—1946年)，英国的埃及学家，在开罗博物馆负责为博物馆藏品登记造册。

"阿什莫林博物馆的迈尔斯先生"，待查，不知是否即带他实习的那位迈尔斯先生。

夏鼐读皮特里的《考古学的方法和目标》，见《夏鼐日记》1936年2月10—11日（卷二，12页），时间在他第一次见格兰维尔（1936年3月11日）前。他去英国之前，未必读过此书。

小　结

1949年后的中国，百废待兴。中国是把考古文博工作当国家事业、公益事业来办,属于中国办奥运会那样的"举国体制"。

夏鼐不喜欢搞行政,更愿蹲书斋,下田野,但众望所归,被推上领导岗位。他是把所务当组织交办的头等大事来办,跟个人兴趣分得一清二楚。

夏鼐,作为"新中国考古工作的主要指导者和组织者"。[1]他这一生,贡献最大,不在他写了几本书,而在他一手打造了社科院考古所,中国考古的"国家队",靠这支队伍进行学科建设。新中国成立后,他除了配合所务和指导全局,靠集体智慧写"大文章",还拿出不少时间研究中外交流和中国科技史,[2]写自己的"小文章"。

读《夏鼐日记》,1950年代,他不仅领导着科学院考古所的考古,还领导着全中国的考古。[3]这种局面,到了1980年代,开始起变化,预示了后来的一切。

夏鼐晚年,对三件事最上心,一是参与修订《文物保护法》,强调联合审批、制止文物买卖;二是叫停国际合作,强调中国考古中国办,以本国考古为主;三是编写《中国大百科全书》考古卷,统一考古学界的认识。他特别希望维持新中国成立之初中国考古的分工体系和"大一统"局面,抵制"改开"以来私有化、市场化、产业化和国际化带来的全面冲击。

1984年,夏鼐强调,"考古工作,我们中国人要自己去做,我们现在有这个能力。当然我们可以向外国人学习。但我们中国的考古,必须由

---

[1] 王仲殊、王世民《夏鼐先生的治学之路》,《夏鼐文集》,第一册,15—38页。
[2] 西域南海史地研究不仅是清代绝学,也是法国汉学的强项。中国科技史也是国际性的前沿学科。
[3] 《夏鼐日记》1952年2月11日,考古所开批评自我批评会,郭宝钧、苏秉琦、冯家昇说,夏不仅应负责领导考古所,且应领导全国考古工作(卷四,464—465页)。

我们中国人自己来做。我们要赶上国外的先进水平,建立一支能胜任的考古队伍。解放后,有好几个国家的考古学者想到中国来参加我们的考古队,我们没有同意,我们说,你们来一般地参观一下可以,要参加搞考古调查发掘不行"。[1]

夏鼐是个到国外学考古,跑国外最多的考古学家。他为什么拒绝国际合作,很多人大惑不解。我琢磨,他可能有三方面的考虑:第一,世界考古,早期多由欧美包办,后来纷纷建立自己的队伍,自家考古自家办,这是大势所趋,我国早就如此(如殷墟发掘);第二,中国太大,配合基建,随工清理,自己的事都忙不过来,不可能把"请进来""走出去"当中国考古的主流;第三,他有现实针对性,针对"改开"初期中国考古文物界的乱象。

或说,他这么"保守",可能与他在埃及受刺激有关。我想,这有点扯远了。刺激就在眼跟前。我们不要忘了,他生命的最后几年,正当"改开"初期。当时人说,"十亿人民九亿倒",有本事有路子的人纷纷往国外跑,中科院也好,社科院也好,都办创收公司,北大推倒南墙办商店,学生宿舍到处挂牌办公司,中国人失魂落魄。更何况,考古要报批,外国人来考古,更要报批。当时有当时的外事纪律,很多县市尚未开放。比如他的研究生,我的老同学,跟外国人结婚,马上不能下田野。[2]我想,他更担心的是,当时的中国,"人穷志短",全面放开,有可能全面失控。

---

[1] 夏鼐《文物和考古》,《夏鼐文集》,第四册,414页。
[2]《夏鼐日记》1985年1月31日:"(杨宪益)谈起最近我国留学政策,提到小熊(存瑞)入赘当'番邦驸马',近来有信给他。"(卷九,432页)

1985年3月1日,夏鼐在中国考古学会第五次年会上讲话,[1]他之所以强调考古工作者要不怕吃苦,不收藏文物,[2]不买卖文物,不以文物创收分红,就是针对当时的"大势所趋"。

对他来说,新中国成立之初的局面有如"周公之梦"。

他不喜欢搞行政,也不善于搞行政,行政事务悉委之身边的几位得力干将。

他喜欢读书,不喜欢教书,也不喜欢带学生。他更重视的是中国考古队伍的建设,而不是自己有几个学生。

---

[1] 夏鼐《考古工作者需要有献身精神》,《夏鼐文集》,第一册,441—446页。
[2] 这是李济为史语所立下的规矩,见李光谟《锄头考古学家的足迹——李济治学生涯琐记》,北京:中国人民大学出版社,1996年,170—172页。

苏秉琦《晋文化颂》(张政烺书，山西省考古研究院提供)

苏秉琦的『区系类型』说

苏恺之《我的父亲苏秉琦——一个考古学家和他的时代》（北京：生活·读书·新知三联书店，2015年）

作者是苏秉琦长子。此书分前、中、后三篇，前有自序，后有后记。

（一）前篇（1909—1946年）

第一部分：最早的童年记忆（1941年以前）。作者说，他对父母的最早记忆是1941年的初秋，更早的事情是后来才知道。1909年，苏秉琦生于河北高阳，全和纺织印染厂是他们家的产业，这是他的籍贯和家庭出身。

这一时期，作者提到三个人。

一个是徐旭生（1888—1976年）。[1] 1949年以前，中国考古，南有中央研究院，北有北平研究院。中研院史语所挖安阳殷墟（1928—1937年），北研院史学所挖宝鸡斗鸡台（1933—1937年），一商一周，各有千秋。1934年，苏秉琦从北平师范大学毕业，入北研院。北研院史学所，下分考古组和历史组，考古组由徐旭生负责，历史组由顾颉刚负责。所长是徐旭生。社科院考古所挂十个人的像，徐旭生年龄最大。[2] 他比苏秉琦大21岁。苏秉琦追随徐旭生，从此走上考古之路。

一个是傅吾康（Wolfgang Franke，1912—2007年）。[3] 傅吾康是德国汉学家福兰阁（Otto Franke）之子，1937年5月31日—1946年9月19日住在北京。作者说，苏秉琦是"到中德学会学习德语，认识结交了傅吾康，并

---

[1] 李零《帝系、族姓的历史还原——读徐旭生〈中国古史的传说时代〉》，《文史》2017年第3辑，5—33页。李旻《信而有征：中国考古学思想史上的徐旭生》，《考古》2019年6期，105—120页。
[2] 夏鼐时代有"三老"：徐老徐旭生、郭老郭宝钧、黄老黄文弼，徐老比郭老、黄老大五岁。参看《夏鼐日记》1964年10月9日（卷七，64页）。
[3] 傅吾康《为中国着迷——一位汉学家的自传》，欧阳甦译，李雪涛、苏伟妮校，北京：社会科学文献出版社，2013年。

被吸收为会员,以后为了避免日军伤害,遵傅吾康的好意,挂了'总务委员'的虚衔"(27页)。中篇93页说,1946年10月,苏秉琦全家回到北京,刚住下没几天,傅吾康就来探望,123—131页并有专门一节讲傅吾康。作者称他是苏秉琦"一生中几乎唯一很亲近的外国学术友人"(123页)。

一个是韩振江(生卒不详)。韩振江是苏秉琦读大学时的同班同学和河北老乡,日军占领北平,他投奔延安,走时留下一口皮箱,托苏秉琦保管,从此音信全无(45—47页)。中篇两次提到韩振江,已是新中国成立后。一次是1951年,韩振江乘军车来访,身边跟着解放军战士,显然是首长。临别,韩振江说,因工作性质特殊,以后不便来往,很神秘(145—146页)。另一次是"文革"期间,韩振江受审查,外调人员来家盘问,凶神恶煞。这以后两人没有来往。苏秉琦说,"人,有时候需要学会忘却"(211—213页)。

第二部分:如诗如画黑龙潭(1942—1946年)。讲北研院南迁,苏秉琦南下,定居昆明黑龙潭。

这一时期,作者提到俞德浚。俞德浚(1908—1986年)是苏秉琦的老同学,著名植物学家(中科院院士),跟他的关系非同一般。

苏秉琦曾跟苏恺之讲,蒙特留斯的《先史考古学方法论》,介绍器物类型学,一度引起他极大的注意(65页)。此书是艺术史家滕固所译。1950年,夏鼐在浙江大学备课,读过这个本子。[1]最近,滕固本重译,林沄写了代序,指出类型学是为考古遗存断代的相对年代法。[2]

---
[1] 《夏鼐日记》1950年1月16日(卷四,281页)。
[2] 类型学的方法最初是用来分析考古背景不明的博物馆标本。它与北欧考古有很大关系。北欧考古最初关注的是地表纪念物,小件物品多无地层关系。汤姆森三期说是材质分类,蒙特留斯对器形、纹饰分类,属于次级分类。滕固翻译此书,关注的是艺术风格。

蒙特留斯的类型学是用器物排队定相对年代，注重的是器形、纹饰。这与苏秉琦说的区系类型还不太一样。他的区系类型说是讲考古文化谱系，虽然两者都受生物分类学影响，既分期也分区。[1]

1983年9月26日（？）苏秉琦给俞德浚写信，向他请教"区系"一词的含义。10月17日俞德浚回信说："嘱询区系一词，原文为flora，指某一地区或某一时期的植物群，与动物区系fauna一词相对称。现代植物群可用，古代植物群当然也可用。flora一词另一译名为植物志，源于拉丁语。"[2] 作者说："依我之见，父亲思索和提出的考古学文化的区系类型学说，一定是从植物分类学那里得到了有益的启示。"（70—71页）可见"区系类型"是个借喻的说法。

考古学的地层学概念是借自地质学，类型学概念是借自生物学。1987年，苏秉琦解释说，他的区系类型说"和当代生物学上的'区系'概念有相通之处"。[3]

案 民国时期，南有中央研究院（简称"中研院"），北有北平研究院（简称"北研院"）。1928年，中研院成立，蔡元培是首任院长。1929年，北研院成立，李石曾（李煜瀛）是首任院长。中研院设史语所，1928年在广州，1929年迁北平，1936年迁南京，所长是傅斯年。北研院的相应机

---

[1] 林沄《为类型学正名》。此文是[瑞典]蒙特留斯《先史考古学方法论》（滕固译，北京：商务印书馆，2019年）一书的代序。
[2] 刘瑞编著《苏秉琦往来书信集》，北京：社会科学文献出版社，2021年，第一册，93页。案：此信所署日期，《书信集》作"10.17.1983"，我从刘瑞提供的复印件看，"17"有点像"27"。如果情况真是这样，俞德浚信所说"拜读二十六日大札"，也有可能是10月26日。
[3] 见苏秉琦《给青年人的话》，收入《苏秉琦文集》，第三卷，104—114页（原载《文物天地》1987年4期）。

构是1929年的史学研究会，1936年改名史学研究所，所长是徐旭生，分管考古组。李石曾、李宗侗、徐旭生都是留法生。[1]李石曾、李宗侗是叔侄关系。苏秉琦与二李都是河北高阳人。北研院与北京大学、故宫博物院有密切关系。

徐旭生是苏秉琦的恩师。1913—1919年留学法国巴黎大学，学哲学和社会学。1926年任北京大学教务长。1927年参加著名的西北考察，任中瑞西北科学考察团中方团长。1931年任北平师范大学校长。1933年组建陕西考古会，主持斗鸡台发掘。在中国北方，学术地位很高。1950年，他代表北研院史学所加入新近组建的中科院考古所。1950年代，自学俄语，自费搜购俄文版《马恩全集》《列宁全集》，天天读，认真读，每天的日记都是讲他读马列的什么什么书，真诚接受思想改造，思想发生巨大转变，1954年申请入党，1957年获批准。1959年夏，以71岁高龄，亲赴豫西做"夏墟"调查。最近，中华书局出版了《徐旭生文集》（2021年）。

傅吾康，1937—1946年在北平中德学会工作过九年。1948—1950年，他第二次来北京，住过两年。李雪涛说，傅吾康曾向北平的纳粹党提出过申请加入纳粹的请求。[2]关于傅吾康是否加入过纳粹，罗泰最近有讨论。[3]1978年后，傅吾康经常来北京。《夏鼐日记》多次提到傅吾康，二

---

[1] 石兴邦说，解放前的中国考古学界分"英美学派"和"法国学派"，北研院属"法国学派"，不愿意去台湾，怕门户不同，吃不开。见关中牛编著《叩访远古的村庄——石兴邦口述考古》，陕西师范大学出版总社有限公司，2013年，88页。

[2] 参看李雪涛《误解的对话——德国汉学家的中国记忆》，北京：新星出版社，2014年，161—166、185和191—195页。

[3] 参看 Lothar von Falkenhausen, "Four German Art Historians in Republican China," in *Unmasking Ideology: in Imperial and Colonial Archaeology* edited by Bonnie Effros and Guolong Lai, Los Angeles: Cotsen Institute of Archaeology Press, 2018, p. 324, 339 n 33.

人见面，经常是苏秉琦作陪。[1]

苏秉琦正式提出他的"区系类型"说是1981年。此说带有徐旭生的影子。1983年10月26日苏秉琦致俞德浚信未见，想必与"区系类型"一词的定名有关。俞德浚的回信是研究苏秉琦"区系"概念的珍贵史料。

（二）中篇（1947—1976年）

第一部分：再回北京（1947—1954年），讲新中国成立初期。

苏秉琦是1945年10月回北平。家眷是1946年10月回北平。北研院史学所原在中南海西四所（位于怀仁堂左侧）。1949年1月31日，北平解放，北研院搬出中南海，暂居三贝子花园（今动物园）内陆谟克堂对面（106页）。[2] 1950年，夏鼐刚到北京就任中科院考古所副所长，就和郑振铎一起去三贝子花园研究搬家到东厂胡同事。[3]

1949年11月1日，文化部文物局成立。苏秉琦与王振铎通信（111—112页），11月1日信议及考古研究的归属，不知将归科学院还是文化部（110—111页）；[4] 11月28日信提到"文物局内的三处是图书、博物、文物。'古物'是原拟的名称，周总理说：'古太多了，不要净管古的。'所以改为'文物'。'考古'一词大概从未采用过"（111—112页）。[5] 这是文物局

---

[1] 见《夏鼐日记》1979年9月14日（卷八，341页）、1981年9月17日（卷九，70页）、10月7日（卷九，75—76页）、1983年4月29日（卷九，236—237页）、8月8日（卷九，271页）。

[2] 陆谟克堂（Lamarck Hall）以拉马克（Jean-Baptiste Lamarck）命名，北研院植物所旧址，在今动物园西部。1950年静生生物调查所与北平研究院植物研究所合并为中国科学院植物分类研究所，1953年改名"中国科学院植物研究所"，仍设于此。今中科院植物所，除仍保留陆谟克堂对面的一片建筑（即北研院暂居处）外，已迁至北京市海淀区香山南辛村20号（原植物所植物园），陆谟克堂则划归中科院双古所。

[3] 《夏鼐日记》1950年7月12日（卷四，309页）。

[4] 《苏秉琦往来书信集》，第一册，86—88页。

[5] 《苏秉琦往来书信集》，第一册，89—90页。

叫"文物局"的由来，很重要。

1950年8月1日，中科院考古所成立。133页说，"北平研究院的人员只有六名了，如徐旭生、黄文弼、王静如、冯家昇等"，另外两人，当是苏秉琦、白万玉。这只是比较重要的研究人员，留用者不止六人，上一章已说明。白万玉心灵手巧，干田野，干修复，手上的活很好。他跟过安特生，也跟过苏秉琦。苏秉琦很尊重他（142—145页）。

1952年秋，北大历史系考古专业成立，苏秉琦任主任，一直干到1983年。有一次，冯家昇的太太张秀玲拉着王静如的太太看作者的母亲。"她（张秀玲）越想越觉得对我父亲的工作安排'有些不对劲'：我们是全身调动干脆利落，倒也不妨，而且我们的两位先生是研究西夏历史和突厥文字的，这个调动也算合理。可苏兄是半个身子被借走，一仆二主，算怎么回子事情。为什么偏偏把他支开？过不了几年，'人走茶凉'，在考古学术界落了伍，也少有成果，难免虚度了目前的黄金年华，把自己磨炼成皮球"（155页）。但苏秉琦相信，"成就了学生，就是成就了自己"（159页）。

这一段，作者以"忍辱负重"作为总结。

第二部分：当个做学问的人（1955—1965年），讲"文革"前的十年。

这一时期，政治运动不断，苏秉琦经常遭北大历史系的学生批判。学生批器物排队是烦琐哲学，见物不见人，跟1960年代新考古学批传统考古学类似。苏后来经常说，学生的批判对他很有启发，并不记仇。

他很少抛头露面。1957年参加接待日本考古学访问团（在北大临湖轩），1963年参加中国社会科学院学部委员扩大会议（在人民大会堂），是仅有的两件体面事，他很重视。

他也很少写东西。作者回忆，1958年秋，有一次，"母亲从俞伯母家串门回来，对父亲说：你看人家（指俞德浚先生）又出了两本书呢，人家总在写,你怎么不写呢,你却总在空看(指《光明日报》和书籍)、空想(指北大学生的文字和他的讲课稿子),这不就像是建之在酿醋吗?[1]别人不干的事就是你爱干,又能有什么大出息呢。我听了心中一惊:这是我听到的母亲说给父亲最厉害的话,也是唯一的一次。但父亲没生气,只是淡淡地说:不是那么回事,别人的想法随它去,我不这么看。翁独健,没写书,不是干得很好吗"(170页)。

类似说法也见于183页。苏秉琦曾对苏恺之说,"你的妈妈曾多次要我写书,我不以为然,告诉她,翁独健的教育工作做得极好,并不依靠写文章。其实我的学生分布各地,这才是最大的文章"(235页)。翁独健当过燕京大学校长,新中国成立后是北京市教育局局长。

作者说,当年从昆明出来的人(指北研院的人),个个很有成就,要么有学术或行政职务,要么有委员或代表的光环和地位,"唯独父亲,啥也没有","宿舍大院里他几乎是最后一名副研究员——直到1956年"(171页)。上文说,"到了1956年,开始大范围地核定科学人员的级别和工资级别。父亲被定为研究员,工资级别为研究员四级,每月207元(直到改革开放)"(156页)。

1965年,他的《关于仰韶文化的若干问题》在《考古学报》1965年1期发表。这篇文章对他很重要。

围绕这篇文章,作者讲了四个故事。

故事一:文章被删。作者说,"可能是编辑部觉得他的这篇论文太长,就建议将最后一节'仰韶文化与历史传说的关系'删去了。而这节正是遵循了徐旭生先生的学术思路"。删去的部分,1991年在《辽海文物学

---

[1] 苏建之是苏恺之大伯家的儿子,当时在北京酿造厂工作。

刊》发表，苏秉琦写了补充说明，开头是"算来，四分之一世纪过去了。翻出旧稿重读一遍，这篇文章新意不多。但从它的写作时间，反思这半个世纪学科发展的历程，颇有启发。似乎当时并未清醒地意识到，那正是我国近代考古学史上的一个转折点。这篇短文似乎是有路标的意义的。看来无多少新意，竟然还有如此这般传奇故事。仔细想来，其中或许包含着某些确比这篇短文更为重要的道理。所以，我不厌其烦地写出来，就教于广大同行朋友们"（191—192页）。[1]

故事二：作者说，"父亲对仰韶文化的思考一直没有休止。我在他的一堆故纸里，发现了一份五页纸的对仰韶文化讨论的'余论'，郭大顺认为写于1986年"。我查了一下，《苏秉琦文集》未收此文。它的第一段话是讲仰韶文化的发展脉络，"中国文化起源问题——仰韶文化是屈指可数的几个重要源头之一；它的主要发展脉络是从'西瓶'诞生，发育成熟，再还原到原型，以'蛋形瓮'为触媒，诞生'原始斝'，经过'斝鬲'过渡到鬲，最后溶解消失到中国'通用型'的灶釜。这是仰韶文化研究六十五年来成果的图解式总结"（192页）。

故事三：文章发表很不顺利。"2012年，我看到了杨泓先生写的纪念夏鼐先生诞辰一百周年的文章，才知道父亲那篇文章原稿是交给了夏先生之后，夏先生直接送到编辑部的，足见夏先生很注重学术的百花齐放，这两个老同事也是相互尊重有加。曾有传言说，五六十年代考古界的'南北两派互相看不起对方'，但在他俩之间并不存在。杨先生顺带说到，这个文章发表得益于夏先生，但是当时夏先生忙于出差而没来得及签字，

---

[1] 文章最后一节，据杨泓说，是陈梦家请苏秉琦的老师徐旭生劝说苏秉琦删去。参看杨泓《忆夏作铭师》（《夏鼐先生纪念文集：纪念夏鼐先生诞辰一百周年》，北京：科学出版社，2009年，159页）。

编辑们请编委中其他人补签却颇费周折"。作者说,"我据此(以及下面的故事四)理解了,父亲在1965年之后的二十多年里,竟没有再在《考古学报》上刊登文章的主观客观多重原因","我还理解了,在父亲离世后不久,这个学术性的核心期刊竟然出现了一篇文章,说我父亲的学术思想里含有德国法西斯的民族观念等。我们子女曾正式写信给编辑部,希望不要再有这样人身攻击文章挤入学术刊物里"(192—193页)。他说的"人身攻击文章"是1999年安志敏在《考古》杂志(不是《考古学报》)上发表的文章,详下。[1]

故事四:与此事有关,"1973年,父亲带着学生张忠培拿着1959年后用了14年时间写成的《元君庙仰韶墓地》报告交到编辑部。一位负责编辑部工作的老同志说:'这个部分内容某文章已经有了,那个部分就不必再单独出现了','泉护村报告也不必发了,有了已经出版的《庙底沟与三里桥》就够了!'此后,这位老同志还写信给张忠培,建议再删除《元君庙仰韶墓地》中的一些图版和线图,并将文字压缩后再分两期连载——连我这个外行人听了都会感到,这几把砍刀正把作者的思想灵魂抹杀殆尽。事情就这样被封压了。直到后来情况转变,该报告才终于在1983年4月由文物出版社正式出版发行。张忠培在新书的封三上写道:'一九五九年写成初稿,廿四年后才贡献给读者!'"(193页)

这一段,作者以"苦涩与不安"作为总结。

第三部分:暴风雨中(1966—1976年),讲"文革"十年。

苏秉琦喜欢记日记,写笔记。日记,50年代末就烧了。笔记本,

---

[1] 安志敏《关于考古学文化及其命名问题》,《考古》1999年1期,81—89页。案:《中国大百科全书》考古卷的"考古文化"条是安志敏所写。夏鼐在《再论考古学上文化的定名问题》一文中批判过科辛纳(或译科西纳)的"文化区""文化圈"说。安志敏显然读过夏鼐的那篇打印稿。

1966年被抄走,"文革"后发还,有一百多本,北大考古文博学院正在整理。

1966年,苏秉琦遭抄家批斗。201页的插图是抄家收条。一张编号1,抄没财物是"反动学术权威苏秉琦"的"银行存款单肆张贰仟元整",签收人是"戴忠贤、杨锡璋"。时间是1966年8月26日。一张编号17,抄没财物是"苏秉琦"的"镶翠银耳坠壹对、镶翠银戒指壹个、象牙把纸扇壹把、银园肆佰玖拾壹园(块)正",签收人是"戴忠贤",时间是1966年9月20日。两张收条的出具单位是"中国劳动人民历史所红卫兵"(当时,中科院考古所改名如此)。此外,"最令人气愤的是,抄家后的第二天上午,参与抄家的一个人又单独闯入家里来,大声呵斥恐吓,强行把母亲身上仅有的两百余元过日子的钱搜了出来,竟还让母亲写了个字条,写上上交了多少钱和交款人姓名日期,再让母亲包在一张纸里就拿走了,当然成了他的私有之物"(200页)。戴忠贤、杨锡璋,两位都是考古所安阳队的人。戴忠贤又名戴彤新,后来调到西北大学。后来拿走两百余元者不知何人。

1975年,苏秉琦首次提出他的区系类型说。他把中国境内的古文化分为"两半块,六大区":"(1)以燕山南北为中心的'北方',(2)以河南、山西、陕西连接部为核心的'中原',(3)以山东半岛为中心的'东方',(4)以洞庭湖为中心的'西南方',(5)以太湖为中心的'东南方',(6)以九江到广州为中心轴的'南方'。前面三个面向欧亚大陆,后面两个面向海洋。"(228页)

作者说,这是苏秉琦一生的转折点。

案 北研院留在考古所的老人不止六人,至少有14人,中研院留在考古所的人至少有10人。史学组解散后（走了6人），北研院的人才略少于中研院的人。参看上一章开头。

围绕《关于仰韶文化的若干问题》的四个故事很重要。这是"文革"前苏秉琦唯一发表的文章。

关于此稿刊发原委，参看杨泓《忆夏作铭师》（158—159页）。杨泓说，此稿是夏鼐交发，因为有事马上要离开北京，忘了签字，所里当班的学术秘书指定某先生终审，提出八条意见，认为该文不应发表，后来还是夏鼐拍板，才发出来。

《夏鼐日记》三次提到此稿：

一是1964年5月4日"苏秉琦同志来谈，并交来《仰韶文化的类型与分期》的稿子，4月间他在北大做过报告"（卷七，27页）。

二是5月6日"下午在家，阅苏秉琦同志《仰韶文化的类型及分期》一文的稿子"（卷七，27页）。

三是5月11日"（上午）苏秉琦同志谓拟后天赴济南，将前天他送来的论文交还给他，并提了一些意见"（卷七，28页）。

苏秉琦第一次讲"区系类型理论"是给吉大学生。苏恺之书："1975年，他又开始'不安分'地先是在北大做了小规模的讲座，后又在研究所的一个小房间里，由他的学生张忠培召集，给吉林大学的十几个师生们讲述了他头脑里初步形成的'区系类型理论'。"（227页）1975年的讲座是给吉大学生，他给北大学生讲是1981年。这段话似乎把苏秉琦的两次讲话弄反了，详见《苏秉琦文集》第二卷的这两篇讲话稿。

（三）后篇（1977—1997年）

第一部分：呼喊始于年七十（1977—1987年），讲"文革"后的前十年。

作者说，这十年是"父亲一生中的最佳岁月"（245页）。这一时期的苏秉琦，到处跑遗址、看文物，开跨省区的学术会议，为地方考古提供指导，好像孔子周游列国，作者用"四处奔走，游说有余"八个字概括之。

1979年，苏秉琦在中国考古学会上提出"新世纪的中国考古学"：一是区系类型说，即他的"文化谱系论"；二是国家三部曲，即"古国—方国—帝国说"；三是文明起源论，即"原生—次生—续生说"。

1982年，北大准备成立考古系，北大校领导选择宿白而不是苏秉琦当系主任，"原因是他没有出过国，没有在国外刊物上发表过文章，在国内也没有大著作"（263页）。[1]

苏秉琦虽"离开北大，谢幕讲台"，但有得意门生，如俞伟超、张忠培，学生的学生更多，桃李满天下。

"文革"是1949年后中国最大的政治运动。很多"'文革'过来人"都怕谈政治、耻谈政治，但苏秉琦相信，中国考古是五四运动的产物，"从没脱离过政治"（上157页），他说考古是为"大政治"服务（256—259页）。他是把"大文物"、"大遗址"、宏观考古、重修国史，当政治来理解。

1982年8月，苏秉琦在河北蔚县西合营考古工作现场会上提出"三岔口论"，即"张家口是中原与北方古文化接触的'三岔口'和双向通道"（273页）。274页附苏秉琦手绘"三岔口示意图"，稿纸上端书《晋文化颂》。三岔口，东边一岔是太行山东麓的河北蔚县西合营遗址（标"西合营"），

---

[1] 北大考古系正式成立是次年7月11日。作者说，"在五十年前的30年代，北大起初很想和南京的史语所合作搞发掘，不料南京那边觉得北大没有从国外归来的考古科班人员，不予响应，于是北大才回头和北平研究院合作，一同去了易县做西周遗址的发掘"（263页）。案：1930年的燕下都发掘不是挖西周遗址，而是挖战国遗址。

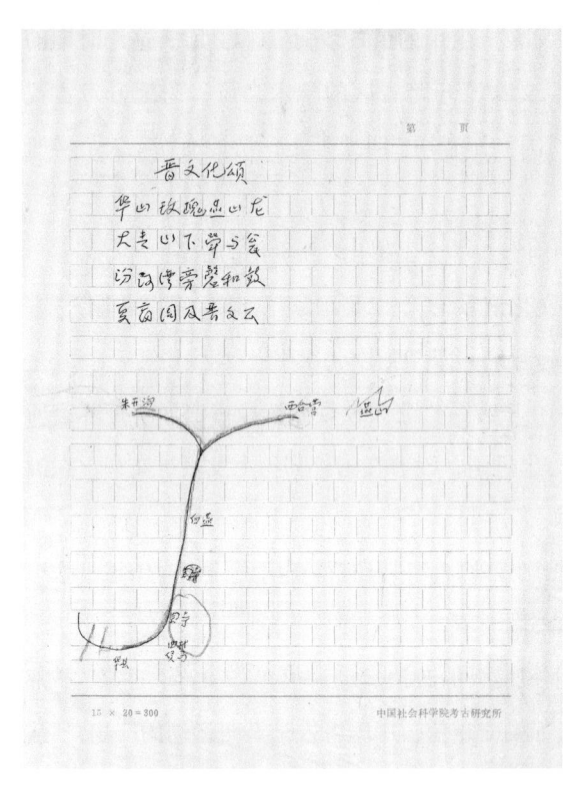

苏秉琦《晋文化颂》手稿
（陕西省考古研究院提供）

东边画一小山（标"燕山"）；西边一岔是内蒙古伊金霍洛旗的朱开沟遗址（标"朱开沟"）；两岔汇合于山西，沿汾河河谷，穿太谷白燕遗址（标"白燕"）、襄汾陶寺遗址（标"陶寺"）和曲沃、翼城两县交接处的天马—曲村遗址（上标"曲村"，下标"侯马"）。然后西南行，转到陕西华县的泉护村、元君庙遗址（标"华县"）。

1982年11月，苏秉琦参加晋文化讨论会，请张政烺用篆书抄写《晋文化颂》。张政烺写过两幅《晋文化颂》，一幅送苏秉琦，一幅送山西省考古所。送苏秉琦的一幅，即《苏秉琦文集》卷三扉页后"1987年苏秉琦先生在工作室"像墙上悬挂者，今藏牛河梁遗址博物馆苏秉琦纪念展，送山西省考古所的一幅即328页插图。

第二部分：毕生一役，无怨无悔（1988年以后），讲苏秉琦的最后九年（1988—1997年）。

苏秉琦的老朋友，冯家昇（1904—1970年）、俞德浚（1908—1986年）、傅吾康的妻子胡隽吟（1910—1988年）、王振铎（1911—1992年）相继谢世（308—315页）。苏秉琦的身体也大不如前。

1980年以来，文物收藏、文物买卖、文物出口，局面混乱，苏秉琦曾两次"告状"，一次是1981年上书文物局局长（应为任质斌），针对1979年7月的《国务院批转国家文物事业管理局关于文物特许出口管理试行办法的请示报告》，一次是1983年上书文物局局长（应为孙轶青），针对的是他在香港搞文物拍卖。

1992年5月为纪念中国历史博物馆八十周年，他的题词是："超百万年的根系，上万年的文明起步，五千年的古国，两千年的中华一统实体。"[1]这个"大历史"就是他说的"大政治"。

作者说，《中国大百科全书》考古卷的《中国考古学简史》条最初有个油印本，详于中研院史语所（33行），而略于北研院史学所（5行半），苏秉琦不满，觉得有必要出来讲话。1995年8月和1996年2月，苏秉琦的《圆梦之路》分上、下两篇发表于《东南文化》，既是自述生平，也是对中国考古学史的回顾，就是针对这个油印本，据说其发表曾受阻（352—356页）。他说的"梦"，就是建立中国特色的中国学派。

1995年，香港中文大学新亚书院邀请苏秉琦赴港讲学，香港商务印书馆想给他出一本讲中国考古新发现的书，但未能成行。1996年1月8

---

[1]《苏秉琦文集》第三卷的《环渤海考古的新起点——世界的中国考古学》曾提到这一题词。

日至2月20日,他在深圳口述,由郭大顺穷数月之力,整理成书。这部《中国文明起源新探》是他的"绝笔春秋"。

第三部分:余音绕梁,讲1997年苏秉琦去世后的各种纪念活动。

苏秉琦是河北人,他对河北的山山水水(如燕山南北、桑干河、河北涿鹿和渤海湾)感情很深。1991年,苏秉琦在呼和浩特立下遗嘱,死后归葬渤海。1997年6月30日,苏秉琦逝世,9月27日,骨灰撒入渤海湾。作者称他为"没有头衔的教授""草民教授"(381页)。

案 "文革"后,苏秉琦的影响越来越大,一是对高校考古,二是对地方考古。

苏秉琦兼职北大,看重言传身教,而不是著书立说。如果光靠他的著作,很难了解他的一生。作者凭借近距离观察,为我们提供了苏秉琦的很多生活细节。此书对了解苏秉琦的一生不可或缺。

《苏秉琦文集》(北京:文物出版社,2010年)

这部文集分三卷,[1]我把它的内容归纳了一下,分为十个方面。

(一)类型学研究

苏秉琦的代表作有三:一是他的早期著作,宝鸡斗鸡台的报告和出土陶鬲的研究,见第一卷的《斗鸡台沟东区墓葬》《斗鸡台沟东区墓葬图说》《斗鸡台沟东区墓葬编后记》和第二卷的《陕西省宝鸡县斗鸡台发掘

---

[1] 苏秉琦生前出版过五本书,一本是《斗鸡台沟东区墓葬》(北平研究院史学研究所,1948年),一本是《斗鸡台沟东区墓葬图说》(中国科学院,1954年),一本是《苏秉琦考古学论述选集》(文物出版社,1984年),一本是《华人·龙的传人·中国人——考古寻根记》(沈阳:辽宁大学出版社,1994年),一本是《中国文明起源新探》(香港:商务印书馆,1997年),均已收入此书。

所得瓦鬲的研究(节选)、补序》《瓦鬲的研究》；二是他对洛阳中州路出土器物的研究，见第二卷的《〈洛阳中州路(西工段)〉结语》；三是他对仰韶文化的研究，见第二卷的《关于仰韶文化的若干问题》《仰韶文化同历史传说的关系》。

此外，第二卷的《地层学与器物形态学》也与类型学有关。《仰韶文化同历史传说的关系》本是《关于仰韶文化的若干问题》的第十节，发表时被删，上苏恺之书已经提到。

(二)区系类型说

区系类型是考古文化谱系。"区"是考古文化的分区，苏秉琦叫"块块"；"系"是考古文化的分期，苏秉琦叫"条条"；类型是考古文化的分支，苏秉琦叫"大块块"下的"小块块"。

苏秉琦最早提出此说是给吉大学生的讲话，见第二卷的《学科改造与建设——1975年8月间为吉林大学考古专业同学讲课提纲》。还有两篇讲话，一篇是1981年5月给北大学生的讲话，见第二卷的《考古类型学的新课题——给北京大学考古专业七七、七八级同学讲课的提纲》；一篇是1981年6月在中国历史博物馆的讲话，见第二卷的《建国以来中国考古学的发展——在北京市历史学会、中国历史博物馆举办的"纪念中国共产党成立六十周年报告会"上的讲话》。

当然，此说广为人知还是刊于《文物》1981年5期的文章，即第二卷的《关于考古学文化的区系类型问题》(殷玮璋整理，共同署名)。

苏秉琦特别看重此说，后来反复提到。他说，"区系观点是个纲，纲举目张"(见《祝贺河南省文物研究所建所四十年题词》，第三卷，189页)。人多认为此说是苏氏发明，但苏秉琦说，"考古学文化区系类型的提出是集体的创造"(见《给青年人的话》，第三卷，110页)。

《学科改造与建设》的双圈圆图(卷二,215页)是以中心与外围相对,属重瓣花朵式布局。中国古代的畿服图即属这种布局,但画成方圈相套。

(三)考古文化的分区研究

苏秉琦的区系类型说是把中国的考古文化分为六区。他对各区都有讨论。

1. 北方区:以燕山南北长城地带为中心,范围涉及东三省、内蒙古、冀北、晋北、陕北和所谓大西北(通常指陕、甘、宁、青、新五省区)。如第二卷的《关于燕文化的一次谈话》《现阶段内蒙古文物考古工作问题——在"内蒙古自治区考古学会成立大会"上的讲话(摘要)》《在"天津市文管处座谈会"上的谈话纪要》《关于大南沟发掘报告编写及有关问题》《关于大甸子发掘报告编写及有关问题》《燕山南北地区考古——在辽宁朝阳召开的"燕山南北、长城地带考古座谈会"上的讲话(摘要)》《燕山南北·长城地带考古工作的新进展——在"内蒙古西部地区原始文化座谈会"上的报告(提纲)》《笔谈东山嘴遗址——我的一点补充意见》《关于开展军都山考古调查和考察葫芦沟、玉皇庙墓地的谈话》和第三卷的《辽西古文化古城古国——试论当前考古工作重点和大课题》《象征中华的辽宁重大文化史迹》《秦皇与碣石——关于金山嘴秦行宫遗址的讲话》《"大地湾会"讲话(提要)》《从兰州到包头——在"包头市文管处座谈会"上的发言(提要)》《在"中国考古学会第六次年会"上的讲话》《文明发端玉龙故乡——谈查海遗址》《内蒙古自治区文物考古研究所成立四十周年纪念》《在北京市考古学会成立大会上的讲话》《中日合作〈东北亚考古学新研究〉序》《关于辽河文明——与日本富山电视台内藤真作社长谈话(一)》《论西辽河古文化——与赤峰史学工作者的谈话》。

2. 东方区:以山东为中心,范围涉及环渤海地区。见第二卷的《山东史前考古》和第三卷的《现阶段烟台考古——在"第一次环渤海考古座谈会"上的讲话》《关于胶东考古的通讯——给山东莒县博物馆苏兆庆同志的信》《环渤海考古的理论与实践——在"第二次环渤海考古专题系列座谈会"上的讲话(提纲)》《环渤海考古与青州考古》《加强泰山"大文物"的研究》《在"第四次环渤海考古座谈会"上的讲话(提纲)》《环渤海考古的新起点——世界的中国考古学》《关于环渤海—环日本海的考古学——与日本富山电视台内藤真作社长谈话(二)》。

3. 中原区：以陕西关中、晋南、豫西为中心，范围涉及河北、河南、山西、陕西。如研究仰韶文化，有第二卷《关于王湾二期文化的谈话》《关于仰韶文化的若干问题》《仰韶文化同历史传说的关系》《姜寨遗址发掘的意义》《七十年代初信阳地区考古勘察回忆录》《在"中国考古学会第四次年会"闭幕式上的讲话(提纲)》和第三卷的《晋文化问题——在"晋文化研究会"上的发言(要点)》《关于陶寺发掘报告编写及有关问题》《谈"晋文化"考古》《对晋文化的再认识——在"丁村文化与晋文化考古学术研讨会"开幕式上的讲话》《晋文化与北朝文化研究的新课题》。此外，第二卷的《〈中国大百科全书·考古卷〉撰写条目》也与这一区有关。

4. 东南区：以环太湖为中心，范围涉及江苏、浙江、福建。如第二卷的《太湖流域考古问题——在"太湖流域古动物古人类古文化学术座谈会"上的讲话》《略谈我国东南沿海地区的新石器时代考古——在"长江下游新时器时代文化学术讨论会"上的一次发言提纲》和第三卷的《关于环太湖地区考古的通信》《良渚文化的历史地位——纪念良渚遗址发现六十周年》《关于"几何形印纹陶"——"江南地区印纹陶问题学术讨论会"论文学习笔记》。

5. 西南区：以环洞庭湖与四川盆地为中心，范围涉及湖北、湖南、四川、重庆。如第二卷的《楚文化探索中提出的问题——在"中国考古学会第二次年会"闭幕式上的讲话》《提高学术水平，提高工作质量——在文化部文物局"考古发掘工作汇报会"上的讲话》和第三卷的《西南地区考古——在"四川广汉三星堆遗址考古座谈会"上的讲话》。

6. 南方区：以鄱阳湖—珠江三角洲一线为中轴，范围涉及江西、广东。如第二卷的《关于吴城遗址致饶惠元的信》《石峡文化初论》。

案 苏秉琦的六大区系，若以南北分，包括北三区（北、中、东）和南三区（东南、南、西南），北三区后来演变成夏（晋）、商（燕、齐、鲁）、周（秦），南三区后来演变成荆楚、吴越（以及徐）、巴蜀。

（四）"三岔口"理论

苏秉琦的"三岔口"理论是讲北方区和中原区的互动。他认为，这一互动对中华文明的形成最重要。其灵感来自1982年8月的"蔚县三官考古工地座谈会"，见第二卷的《"蔚县三官考古工地座谈会"讲话要点》。

他有一首诗，叫《晋文化颂》，好像顺口溜，便于记诵。诗曰："华山玫瑰燕山龙，大青山下斝与瓮。汾河湾旁磬和鼓，夏商周及晋文公。"这四句诗，"华山玫瑰燕山龙"指庙底沟彩陶的纹饰和红山玉龙。"大青山下斝与瓮"指朱开沟文化的三足斝和三足瓮。"汾河湾旁磬和鼓"指陶寺的石磬和陶鼓，"夏商周及晋文公"指三代核心区的形成，给东周称霸中原的晋文公留下了宝贵遗产。他还手绘草图，用以示意，或称《三岔口图》。

《晋文化颂》，多次出现在苏秉琦的文章里。如第三卷的《晋文化问题——在"晋文化研究会"上的发言（要点）》《中华文明的新曙光》《象征中华的辽宁重大文化史迹》《对晋文化的再认识——在"丁村文化与晋文化

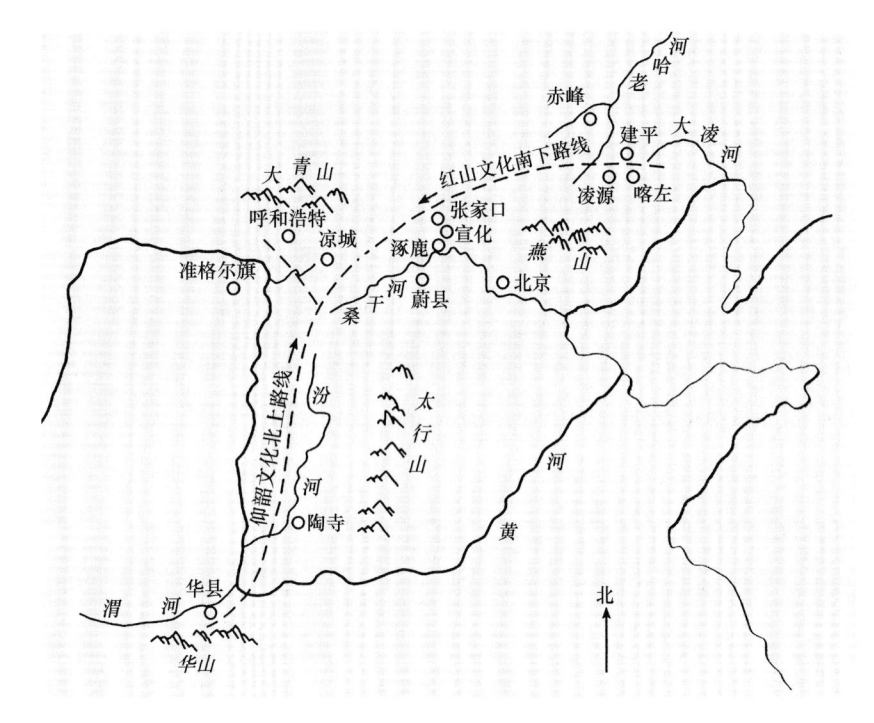

中原与燕山南北地区古文化交流路线示意图（郭大顺先生提供）

考古学术研讨会"开幕式上的讲话》《中国文明起源新探》都提到这首诗。

《三岔口图》，除苏秉琦手绘草图，见上苏恺之书274页，又见《苏秉琦文集》第三卷51页图四、112页图五、329页图四七，叫"北方—中原文化连接示意图"。《三岔口图》的右边一岔是红山文化，左边一岔是朱开沟文化，两岔合于一岔，如Y字形。红山文化、朱开沟文化南下，仰韶文化北上，都要穿过山西，沿途经白燕、陶寺、曲村、侯马。苏秉琦的学生郭大顺有文章介绍这个理论。[1]

---

[1] 郭大顺《从"三岔口"到"Y"形文化带——重温苏秉琦先生关于中华文化与文明起源的一段论述》，《内蒙古文物考古》2006年2期，96—104页。

（五）建设地方性的考古基地

苏氏提倡开放性、流动性的考古。1953年，他在《科学通报》上的一篇文章中就提出过在重要地点建田野工作站和研究室（见第二卷的《目前考古工作中存在的问题》）。[1] 1982年，俞伟超、严文明为北京大学建考古系事，拜访苏秉琦，苏秉琦还提起这篇文章（见第二卷的《苏秉琦谈建设考古系》）。30年后，他开始形成一套新的想法。1983年，他向山东省文物考古研究所倡议，利用"泰山书院"旧址创设"齐鲁考古实验站"，建"考古标本档案馆"，围绕大课题，请一线同志做"会诊"式讨论，办教学科研基地（见第二卷的《倡议——利用"泰山书院"旧址创设"齐鲁考古实验站"设想》）。1985年，他又写信给山西省考古研究所侯马工作站，希望把这个工作站建成一处类似五台山的田野考古"圣地"（见第三卷的《给侯马工作站同志的一封信》）。1986年，他以"佛、法、僧"三宝俱全的佛教丛林和儒家书院为喻，再次表达这个想法（见第三卷的《谈课题》《再谈筹建考古实验站与课题问题——给山东省文物局负责人的一封信》）。

（六）文明研究

关于古代文明研究，苏秉琦有四个理论，最能代表他晚年的想法。

1. "文化到文明"：古文化—古城—古国。"古文化"是原始文化，即史前文化。"古城"是城乡最初分化意义上的城或镇，部落聚点。"古国"是高于部落之上的、稳定的、独立的政治实体。国家是文明形成的标志。

2. "三部曲"：古国—方国—帝国。这是国家发展的三阶段。"古国"

---

[1] 此文原载《科学通报》1953年1期，苏秉琦把发表时间记成了1952年。

是多元一体格局奠定基础的时期，小国林立；方国是多元一体格局初步形成的时期，列强并存；帝国是多元一体格局被固定和强化的时期，形成大一统。

3."三模式"：原生型——次生型——续生型。苏秉琦以北方地区（如燕山南北地区）为原生型，中原地区（如仰韶文化）为次生型，北方草原地区（如鲜卑、突厥和辽、金、元、清）为续生型。原生的文明是处于边缘，中心反而是次生的文明，中心与边缘，冲突、交流、融合，由此形成的文明是续生的文明。

4."双接轨"：中国的东半（东方、东南、南方）面向太平洋，西半（北方、中原、西南）面向欧亚大陆，与世界接轨。

有关论述，主要见于第三卷的《中华文明的新曙光》《文化与文明——在辽宁"兴城座谈会"上的讲话》《从中国文化起源到中国文明起源（提纲）》《华人·龙的传人·中国人——考古寻根记》《在"中国文明起源研讨会"上的讲话》《国家起源与民族文化传统（提纲）》。

他的最后总结是《中国文明起源新探》，见第三卷最后。

（七）回顾与展望

第三卷的《纪念仰韶村遗址发现六十五周年（代序言）》《纪念城子崖遗址发掘60周年国际学术讨论会》贺信》是回顾解放前的发掘。

展望，见第二卷的《考古学的新时代》《做考古学新时期的开拓者》和第三卷的《近代中国考古学方法论（提纲）》《变革的时代 变革的学科》《中国考古学从初创到开拓——一个考古老兵的自我回顾》《走向世界 面向未来——新年述怀》《中国考古学的黄金时代即将到来——纪念北京大学创设考古专业四十年》《迎接中国考古学的新世纪》《在北京大学"迎接二十一世纪的中国考古学"国际学术讨论会开幕式上的致词》。

（八）建立"考古学的中国学派"

此说是受尹达、胡绳启发。1958年，苏秉琦请尹达给北大历史系的师生做报告，尹达曾提出"要建立马克思主义的中国考古学体系"。[1]1975年8月，胡绳在中国政法干校礼堂召开的一次学部大会上做报告，"特别强调要有志气在许多学科建立自己的学派，要有中国民族气派、风格，要重视方法（论）"。[2]

1975年8月，苏秉琦给吉林大学考古专业同学讲区系类型说，曾提到尹达的说法。他有一个建议，这个口号"是否可改为'建立马克思主义的，具有民族风格、民族气派的中国考古学'"。

1981年6月26日，他在中国历史博物馆的讲话的末尾说，"可以这样认为，在国际范围的考古学研究中，一个具有自己特色的中国学派开始出现了"（见第二卷的《建国以来中国考古学的发展——在北京市历史学会、中国历史博物馆举办的"纪念中国共产党成立六十周年报告会"上的讲话》）。

1986年10月4日，苏秉琦70岁生日时，他回忆五年前的这篇讲话，说末尾那段话的大意是"一个具有自己特色的、马克思主义的、现代化的中国考古学派已正出现在东方"（见第三卷的《生日答词》）。

此说又见于第三卷的《向建立中国学派的目标攀登》（1989年5月12日）和《建立有中国特色的考古学派》（1994年11月）。

（九）重建中国古史

苏秉琦是徐旭生的学生。徐旭生写过《中国古史的传说时代》（北京：

---

[1]《苏秉琦文集》，第三卷，204页。
[2]《苏秉琦文集》，第三卷，115页。

文物出版社，1985年)，该书附录一《洪水故事的起源》，就是苏秉琦遵徐旭生嘱翻译。[1] 苏秉琦的区系类型说仍有徐氏"族团说"的影子。

《苏秉琦文集》第二卷有两篇文章讲传说时代：一篇是《试论传说材料的整理与传说时代的研究》(与徐旭生合写)，一篇是《仰韶文化同历史传说的关系》。前文说，"族姓""地名"最重要。后文说，"仰韶文化的两期相当我国传说时代神农氏的兴盛期和衰落期"。

《苏秉琦文集》第三卷有三篇文章讲"重建"：一篇是《重建中国古史的远古时代》，一篇是《关于重建中国史前史的思考》，一篇是《重建中的"中国史前史"》。这三篇文章的第一篇是为白寿彝总主编、苏秉琦主编《中国通史》第二卷(上海人民出版社，1994年)写的序言。该文分六节，最后一节讲古史传说。作者认为，三皇"应属后人对荒远古代的一种推想"，不可信，但"五帝的时代上限应不早于仰韶时代后期"。尧舜禹的传说可能与龙山时代有关。

俞伟超说，"我知道苏先生那一代人的梦想，那个梦在'五四'之后就有了。就是重建中国古史的传说时代"。[2]

（十）苏秉琦的中国梦

苏秉琦有个"中国梦"，他说，"我的梦就是考古学的科学化和大众化"。见第三卷的《六十年圆一梦》《百万年连绵不断的中华文化——苏秉琦谈考古学的中国梦》。

---

[1] 《夏鼐日记》1941年2月9日："至黑龙潭，晤及徐旭生先生，徐先生大谈其中国上古史观，谓当分为华夏、蛮、夷三大渊源，综合成中国文化。又晤及其助手苏秉琦君，谈关于宝鸡斗鸡台发掘工作事。"(卷二，352页) 夏鼐读《中国古史的传说时代》，见《夏鼐日记》1949年1月29日、2月1日、2月5日、2月6日(卷四，227—228页)。
[2] 俞伟超《考古学是什么》，北京：中国社会科学出版社，1996年，238页。

案　　苏秉琦的著作，除早年整理发表的斗鸡台发掘报告和他的最后一部著作《中国文明起源新探》，《文集》所收以序跋、讲话居多。他对考古后生的影响主要是通过他的学生，如俞伟超、张忠培、郭大顺。

安志敏批苏秉琦

安志敏写过三篇文章，都是针对苏秉琦。

（一）《关于考古学文化及其命名问题》（《考古》1999年1期，81—89页）

作者特意引用一段话，作为批判对象，即"但作为一种学术观点，它是把生物界或全人类当作整体：仅仅是为了科学研究的需要，才划分出'区系'，这样才更有利于进行对它们内部的、外部的相互联系、相互依存与相互作用的研究"。这段话是谁的话？作者注明是出自苏秉琦《给青年人的话》（《文物天地》1987年9期）。

前面我们已经提到，苏恺之披露，苏秉琦的"区系类型"概念是受生物分类学启发，他曾就"区系"概念请教过植物学家俞德浚。安志敏想强调，苏秉琦此文恰恰用了"生物"二字，"区系类型"出自科西纳的"文化"概念。这篇文章引起苏秉琦家属的极大不满。

（二）《论"文明的曙光"和牛河梁遗址的考古实证》（《北方文物》2002年1期，9—11页）

作者说，"中国文明的起源应以二里头文化为开始，《中国文明的起源》一书便是首发的代表作[1]。1986年以来以牛河梁遗址为根据，对文明和文明起源又提出一系列新的论点，最终归纳的《中国文明起源新探》

---

[1] 原注：夏鼐：《中国文明的起源》，文物出版社，1985年。

(以下简称'新探'),作为一本总结性的专著[1],两者的观点迥异,甚至针锋相对。但从考古学的角度来考察,我们不难发现以'新探'为代表的基本论点,并不符合考古学实证的要求"(9页)。

(三)《关于牛河梁遗址的重新认识——非单一的文化遗存以及"文明的曙光"之商榷》(《考古与文物》2003年1期,17—20页)

此文除批苏秉琦的"文明曙光"说,还批他的"满天星斗"说,不具引。

案 这三篇文章均发表于苏秉琦去世之后。文章给人的印象是,作者处处都在捍卫夏鼐的学说。

安志敏的第一篇文章涉及"考古学文化"概念。夏鼐曾就这一问题写过两篇文章(上一章有介绍)。一篇是《关于考古学上文化的定名问题》,主要参考《苏联大百科全书》和柴尔德的定义进行讨论,最初发表于《考古》1959年4期,后来收入《夏鼐文集》第二册,158—165页,大家比较熟悉。另一篇是《再论考古学上文化的定名问题》,主要参考蒙盖特《苏联考古学》的定义进行再讨论,整理者注:"本文写作于1961年春,当时曾打印若干份,在考古所内部征求意见,没有公开发表,现依打印稿编入文集。"[2]

今据引文核对,安志敏肯定读过夏鼐的后一篇文章。[3]下面是对比:

---

[1] 原注:苏秉琦:《中国文明起源新探》,香港商务印书馆,1997年。
[2] 《夏鼐文集》,第二册,166—177页。承王世民先生告,此文打印件只有一两份,所内同志多半都没见过这篇东西,安志敏所见"有可能就是我给他看的"。他说,夏先生引蒙盖特书,其中有陶里亚蒂的话,当时还没公开批"苏修",但1962年已经开始批陶里亚蒂,所以文章没发。
[3] 据新近出版的《安志敏日记》(北京:社会科学文献出版社,2020年)第5册,1997年11月20—26日,安志敏将夏鼐遗稿《再论考古学上文化的定名问题》输入电脑,1998年1月6日"将夏鼐先生遗作《再论考古学上文化的定名问题》和我写的《关于考古学文化及其命名问题》两稿交编辑部,希望一同发表",但两文并未一同发表。

夏文	安文
资产阶级考古学家中有的利用"考古学文化"来宣传他们的反动理论。这主要的是下面两派西欧资产阶级学说：一派是反进化论派。法国以步日耶神父为首的天主教神父们，以为旧石器时代并不是表现人类社会的发展过程，而只是表现各个不同的考古学文化的更替。这种更替的原因，是由于外面什么地方来了新人种带来了新的一个文化。他们企图（虽并不公开地）否认进化论的通则，而不知道他们所说的"文化"其中许多实际上是"时期"，其差异只是由于社会经济的变化，而不是由于族的不同。（对于他们的批评，可参阅阿尔茨霍夫斯基《考古学通论》中译本，第9~10页）另一派是德奥的"文化区"派。德国的科辛拿和他的随和者，以"文化区"或"文化圈"的概念来代替"考古学文化"。他以为一个"考古文化区"是和一个特定的部族或部落相符合的。古代的各民族可以由一些"考古学文化"中认出来。每一文化的特征和	在应用考古学文化这一概念的同时，也曾出现某些错误的解释，以欧洲为例，可以下列两个学派为代表：一个是反进化论派，以法国步日耶（H. Breuil）为首的天主教神甫们，认为旧石器时代并不表现人类社会的发展过程，而只是反映各个不同的考古学文化的更替。至于更替的原因，只是由于从外面什么地方来了新的人种和带来新的文化。其实他们所说的"文化"，其中许多实际上是"时期"，它们之间的差异只是由于社会经济的变化，而不是由于族属的不同。另一个是德、奥的"文化区"派，德国的科辛纳（G. Kossinna）及其追随者，以"文化区"或"文化圈"来代替考古学文化。他们认为一个"考古文化区"是和一个特定的部族和部落相符合的，古代的民族可以由一些考古学文化中识别出来。每一个文化的特征和命运，是由它的创造者的种族特性来决定的。他们从种族主义出发，以为日耳曼民族的优越性使之创造了优越的文

我身边的考古学史

夏文	命运是由它的创造者的种族特性来决定的。他们从种族主义出发,以为日耳曼种族的优越性使之创造了优越的文化。他们不知道考古学文化是社会科学范畴的而不是生物学范围的概念(对于他们的批评,可参阅蒙盖特《苏联考古学》俄文版,第15页脚注)。我们要批评他们的反动理论,因为他们歪曲了"考古学文化"这概念,这是他们故意加以歪曲,以服务于他们的反动理论,而不是"考古学文化"这概念本身上原来带有的缺点。	安文	化,妄图用生物界的现象,来否定考古学文化属于社会科学的范畴。[11]上述的两派学说,都不符合考古学文化的概念,其理论实质更是根本错误的。严格地讲,文化区是民族学文化传播论的立脚点,从考古学文化上尚难以得到证实。时下国内所强调的"文化区系"、"文化区"、"文化圈"或"文化系统中心"等多种提法,彼此之间颇有相通之处。什么是"文化区系"?正像所曾解释过的那样,"它和当代生物学上的'区系'概念有相通之处。从词义上看,'区系'无疑有'块'、'片'或'圈'的意思。但作为一种学术观点,它是把生物界或全人类当作整体;仅仅是为了科学研究的需要,才划分出'区系',这样才更有利于进行对它们内部的、外部的相互联系、相互依存与相互作用的研究"这里讲得十分清楚,从涵义上同欧洲"文化区"派的论点有些相似。问题的关键是,他们都忽视了文化是人类社会化的产物,它绝不代表生物界的普遍现象。

夏文	安文
	因此类似的观点，并不足以代替考古学文化在实际应用中的积极作用。(83页)

注(11) 前苏联考古学家蒙盖特曾尖锐地指出："反动的学者们，尤其是德国学者科辛纳及其门徒，用'文化区'或'文化圈'的概念来代替考古学文化。他们断言，每一个文化圈的特征及其历史命运是由民族(该文化的所有者)的人种和民族的特征决定的。他们企图把现代的族的集团当作自古以来就存在的生物界的类别，他们利用伪造的考古学来'证实'北方的雅利安种族的优越性，仿佛他们是高等文化的所有者和传播者。这种反动的种族'论'是为法西斯分子的利益服务的。但是希特勒主义的破产，并未使这种论调随之消灭。直至今日，一部分欧洲学者还在步科辛纳之后尘，认为文化共同体的基础不是社会现象，而是生物界的现象。"(参照 A. Mongait, *Archaeology in the U.S.S.R.*, p.26, 1959)。 |

安志敏的第二篇文章是捍卫夏鼐的《中国文明的起源》,认为二里头文化才是中国文明的源头,指苏秉琦的《中国文明起源新探》夸大红山文化的重要性,故意跟夏鼐唱反调。安志敏认为,红山文化虽有坛、庙、冢,一无铜器,二无城市,三无文字,与通常认为的"文明"概念不合,不能叫"文明的曙光"。

安志敏的第三篇文章,除批苏秉琦的"文明曙光"说,也批他的"满天星斗"说,认为苏秉琦的理论只有"多元",没有"中心"。

批判和被批判,都带有强烈的象征意义。

小　结

中国的考古文博界分三大系统:一是社科院考古所和中科院双古所;二是文物局和文物局下属的文博单位,以及地方考古所(或院);三是高校的考古文博院系。三个系统都归国家管,可称"三位一体"。

夏鼐认为,文物局的职责是保护文物,而不是指导考古研究,考古水准应由社科院考古所严格把关。[1]但他去世后,《文物保护法》中关于发掘权的条文被修改,考古所与文物局会审的制度"具文而已",文物局系统和高校系统代表的考古多元化势不可当。他苦心经营的考古所,令不出"两站一室"。

前辈对二老各有各的评价。如他的学生俞伟超说,"夏鼐先生是从英国学成归来的,他的导师是惠勒。第一篇成名作是关于齐家文化的年代分期问题。他根据地层学原理,认定半山比齐家早,改定了齐家文化的

---

[1] 夏鼐反对挖乾陵,挖秦始皇陵。1979年中国考古学会成立大会在西安召开,夏鼐到临潼参观,与裴文中、苏秉琦、宿白、安志敏、王振铎联名起草《紧急呼吁》,叫停秦俑坑发掘。见《夏鼐日记》1979年4月7日、11日(卷八,287—288、290页)。

相对年代。1951年,他发掘了渑池村,遇到了仰韶、龙山的叠层,但他当时认为这是一种混合文化。1961年以后,他的研究中心主要集中在两个方面:一是中西文化交流,如波斯银币、外销瓷以及丝织品等;二是科技考古"。[1]而张光直是海外学者。他说,"中国学者的一个习惯,是研究中国不研究外国。中国过去所有的考古学家,都是研究中国历史出名的,历史学家也基本上是这样。夏鼐先生在埃及做过发掘,但后来研究的还是中国的东西。不过因为他有外国的知识,做了很多中西交通的研究;其他人因为没有受过西方的训练,更是把视野局限在中国的某一区域"。[2]其他说法,还有很多。

夏鼐和苏秉琦有什么相同,有什么不同?我把我的观察归纳一下。

第一,二老背景相似,都曾服务于民国时期的考古机构,新中国成立后都学过苏联,参加过共产党领导的思想改造运动,心悦诚服地接受马克思主义,都很爱国,都很敬业,"文革"期间都受冲击,"改开"以来都反对盗墓成风、文物收藏、文物买卖的市场化大潮。夏鼐是1959年的共产党员。苏秉琦出身资本家,有"海外关系",老同学"文革"受审查,一辈子没出过国。他不是共产党员,但追求进步,热爱祖国,觉悟比很多党员还高。

第二,夏鼐是"新中国考古工作的主要指导者和组织者"。[3]他有学术声望、领导身份和政治地位,经常出席高层会议和参加国际交流。他是把科研工作当组织交办的任务,通过所学术秘书组、研究室和考古队的

---

[1] 俞伟超《考古学是什么》,212页。案:他说的"科技考古"与通常所谓的"科技考古"不同,其实是科技史的考古研究。惠勒不是夏鼐的导师。
[2] 张光直《考古人类学随笔》,北京:生活·读书·新知三联书店,2013年,189页。
[3] 王仲殊、王世民《夏鼐先生的治学之路》,《夏鼐文集》,第一册,15页。

层级管理，通过听取他们的汇报，以及对所内出版物（包括《考古》《考古学报》和考古报告）的严格审查来一一落实。集体工作是集体工作，个人兴趣是个人兴趣，两者分得一清二楚。他个人的研究兴趣主要在中外交流和科技史，不在考古理论的探讨。涉及理论，主要是为了统一思想和规范训练。

第三，俞伟超说"苏先生是在野派"。[1] "在野"的好处是自由度比较大。他特别看重高校的考古教育和人才培养。他是通过带学生，到全国各地跑工地，跑博物馆，摸陶片，看器物，做他自己的研究。他特别喜欢大地域、大时段的思考，特别喜欢用口诀式的短语，概括、提炼、总结自己的心得。

苏秉琦的"区系类型"是考古学文化谱系。安志敏批苏秉琦，把此说与科西纳的"文化区"相提并论。特里格指出，科西纳"声称物质文化的异同等同于族群身份的异同"，[2] 与后来纳粹考古学的兴起有关，但柴尔德并不等于科西纳。"柴尔德采纳了科西纳考古学文化的基本概念，并将这类文化看作史前人类的遗存，但并没有科西纳赋予这些概念的种族主义内涵"，[3] "柴尔德没有任何理由要为借鉴科西纳的研究而道歉。他和其他英国考古学家强调的是传播论的概念，这与科西纳有关优秀人群中所谓的种族纯洁性导致了文化进步的说教毫无关系"。[4] 其实，中国考古学界长期使用的考古学文化概念，无论夏鼐所论，还是苏秉琦所用，都是柴尔德的概念，不是科西纳的概念。

---

[1] 俞伟超《考古学是什么》，226页。
[2] 特里格《考古学思想史》，陈淳译，北京：中国人民大学出版社，2010年，183页。
[3] 同上引，187页。
[4] 特里格《戈登·柴尔德：考古学的革命》，105页。

IV

青年张光直

张光直的『两系文明』说

张光直《考古学——关于其若干基本概念和理论的再思考》（曹兵武译，陈星灿校）

此书是从英文本翻译。[1] 原书题目作 *Rethinking Archaeology*，译本对题目有所改动。所谓"考古学的再思考"，主要是对"新考古学"的反思。"新考古学"，张光直是过来人。他如何评价"新考古学"，值得注意。

1966年，张光直在耶鲁大学参加过一个题为"史前聚落的分析与比较"讲座，此书是这一讲座的讲演稿，1967年由纽约兰登书屋出版，收入弗雷德（Morton H. Fried）主编的《人类学丛书》。全书分九章，前有弗雷德序和作者前言，后有参考书目和曹兵武的译后记。

此书一开头就说，"我对当代考古学词汇中的'新考古学'一词颇不感冒。任何现在所谓'老'的东西都曾经新过，而任何现在'新'的东西都注定要变老"（1页）。

作者指出，考古学家对"见物不见人"的反思分两次，一次是20世纪30年代，一次是20世纪60年代。如早在1936年，柴尔德就已经说过，"文化是特定的人群在特定的环境中集体适应的结果"，"考古学是一门人文科学而非自然科学"（7—8页），可见不待"新考古学"出，早就有人强调考古学应"透物见人"。他说，克拉克洪（以下各书或译克罗孔）和泰勒才是新思潮的先驱。宾福德（以下各书或译宾弗）和朗艾可（此书下文或译朗艾克）都以"作为人类学的考古学"为题写过东西。[2] 它们只是这种新思潮的"现代翻版"（8页）。宾福德的文章，开头有一句话，"美国的考

---

[1] K. C. Chang, *Rethinking Archaeology*, New York: Random House, 1967.

[2] L. R. Binford, "Archaeology as Anthropology," *American Antiquity* 28（1962）, pp. 217-225; W. A. Longacre, *Archaeology as Anthropology: A Case Study*, Tucson: University of Arizona Press, 1970.

古学要么是人类学,要么什么也不是",[1]这个"新考古学"的著名口号是1958年威利(以下各书或译魏利)和菲利浦斯(此书下文或译菲力普斯)首先提出(3页)。

作者是从研究聚落形态起家,[2]受威利影响最大。[3]他认为,从器物到器物群,从器物群到遗址,从遗址到遗址周边的环境,是"大道理管小道理"。聚落是对应于遗址。它才是"透物见人",解析"文化",真正代表"社群"概念的基本单元。

此书有很多说法值得注意。比如"在美国,严格的科学意义的考古学是指古典时代和古代近东的研究,而我所讨论的考古学指的是和史前学略有区别却更为相像的一门学科。在旧大陆,史前史与考古学是不同的,其原因是对世界不同地区的古代的研究需要和不同的学科密切地结合起来,比如在甲地是古典学和艺术史,在乙地则是民族学和环境科学等"(112页),可见美国考古学是"美国特色的考古学"。

再如,惠勒提到过一个"宣称自己的作品就是写给五个人看的特殊的考古学家"。作者说,"我不知道这是否是在开玩笑,如果是,也只能是在拿我们自己开玩笑。如果抱怨缺乏热情的公众对考古学的漠不关心,不如去责怪那些所谓的专家自己"(123页)。就连号称冗长难读的考古报告,作者也说,"考古报告是为了让别人阅读的","考古报告不应当

---

[1] 宾福德1962年文,有米如田译《作为人类学的考古学》,收入中国历史博物馆考古部编《当代国外考古学理论与方法》,西安:三秦出版社,1991年,43—55页。文章第一句话译作"有人一针见血地指出:'美国的考古学就是人类学而不是其他。'"
[2] 张光直的博士论文是《中国史前聚落:考古学理论方法的研究》(Prehistoric Settlements in China: A study in Archaeological Method and Theory, Ph. D. Thesis, Harvard University, 1960),后来扩展为《古代中国考古学》。
[3] 张光直在哈佛大学人类学系的老师是莫维斯(Hallam L. Movius)、威利(Gordon R. Willey)、瓦德(Lauriston Ward)、克拉克洪(Clyde Kluckhohn)。

只给个别的专家去读,它应当对所有的人类学家都有帮助,都是可读的"(108—109页)。他甚至建议彻底改造考古报告的写法,"一种途径是改变考古报告的用词,尽量简明(不至于让人不忍卒读),并主要描述各类型的特征,应当大量采用图表的形式,从而使文字清晰简洁;具体资料及其变化的描述应当作为附录放到报告的后面,并和正文部分可以互相检索","另一个办法是编写一系列的报告,其中一些是给专家以外的较广泛的读者看的,另一些则是具体材料的记述"。读归读,查归查,把两者区分开来(111页)。[1]

案　这是生活·读书·新知三联书店2013年版《张光直作品系列》之一,下同。此书对了解张光直的理论基础很重要,也有助于破除人们对"新考古学"的盲从和迷信。曹兵武说,"本书或许就是奠定先生一生辉煌的学术成就的基石和灵魂"。他的译后记,题目就叫《考古学的灵魂》。

张光直《商文明》(张良仁、岳红彬、丁晓雷译,陈星灿校)

此书是从英文本翻译。[2]原书完成于1978年,1980年由耶鲁大学出版社出版。全书分两部分,第一部分讲安阳的发现,作者把安阳考古的前后两段(1949年以前和1949年以后)连在一起讲;第二部分讲安阳以外,主要讨论二里岗期的发现。前有绪论,讲研究商代历史的五条途径,后有作者后记、附录、参考文献和陈星灿的译后记。后记、附录主要讲碳

---

[1] 梁太鹤已有类似尝试。参看李零《考古:与谁共享——读〈赫章可乐二〇〇〇年发掘报告〉》,收入其《何枝可依》,北京:生活·读书·新知三联书店,2009年,133—146页。
[2] K. C. Chang, *Shang Civilization*, New Haven and London: Yale University Press, 1980.

14年代。

作者赴美前，曾在台湾大学人类学系学考古。他的老师是史语所迁台前曾经挖过殷墟的李济、石璋如、高去寻、董作宾。作者克绍箕裘、推陈出新，有此专著。他说，"安阳对我一直具有特别的意义"（见致谢辞）。他讲"三代考古"，重点是商代。

1977年任教哈佛大学的他，兴趣从台湾考古和美洲考古转向中国青铜时代的考古。1977年7月，他到过安阳，通过观摩学习和与大陆学者交流，对1949年后的安阳考古有了更直接的了解。

研究商代，作者是文献、铜器、甲骨、考古、理论五事并举。除文献、器物、铭刻三结合，还强调考古大局观和理论模式的运用。

作者在前言中说，他使用了"周甚至周以后的文献"，"但这里有两个前提：其一，它们不是形成关键论点的关键论据；其二，我们有理由相信或证明使用这些相关文献的社会和文化有实质上的连续性"。这与汉学家只用"同期史料"讲中国上古史是不太一样的。

第七章第三节讨论早商与夏的关系，涉及二里头文化和商人的起源。

案 译者岳红彬即社科院考古所的岳洪彬。

作者"把早商放在河南最东部、山东西部和安徽西北部地区"（379页），显然与他后来的"商丘考古"有关。

此书问世后，商代考古不断有新发现，如1980年代偃师尸乡沟、广汉三星堆和新干大洋洲的发现，此书还无法涉及。

张光直《中国青铜时代》

此书是据生活·读书·新知三联书店1999年版。三联1999年版是由三联1983年版《中国青铜时代》(据台北联经1982年版)和1990年版《中国青铜时代(二集)》合在一起，打乱重编。全书包括21篇论文，前有三联二版序(1998年)、台北联经初版前言(1982年)和三联版二集前言(1989年)。

青铜时代是汤姆森三期说的第二阶段。这个阶段跟中国早期文明有关。青铜器，中国最发达，数量、种类超过世界上的所有文明。作者说，中国青铜时代"在人类中是一个极端'独一无二'的概念和存在；青铜器既是中国文明的象征，又是产生这种象征的因素"(二版序)。

集中所收论文分三类。

前七篇讲三代考古。作者以公元前2000—前500年为中国的青铜时代，大致对等于中国古书所说的"三代"。他有"三代平行"说，认为夏居中，商在东，周在西，是同一类青铜文化的三种变体，大同小异。夏、商、周，都城不断迁徙，各有一个"圣都"，其他"俗都"围着它转，原因是追逐青铜器的矿源。

接下来的三篇，《商王庙号新考》《谈王亥与伊尹的祭日并再论殷商王制》《殷礼中的二分现象》，讲商王继嗣法，是作者的得意之作。作者认为，它是二分制，轮流坐庄，与周人的昭穆制相似。

案 最后11篇讲商周时期的巫术、饮食、神话、艺术、政治，中心是萨满说。其内容多与下《美术、神话与祭祀》重合，其中除讲饮食的一篇、讲神话的两篇、讲商周铜器纹饰的一篇，多晚于后书。

张光直《美术、神话与祭祀》（郭净译）

此书是从英文本翻译。原书是1981—1982年张光直在哈佛大学为本科生开设新课的讲稿,[1]颇有后过程考古学的味道。作者说,这是一次通俗化的实验,他最喜欢这本小书(作者前记)。

全书分七章,前有鸣谢和序言,后附《三代帝王表》。中译本增作者前记和后记。

第一章:氏族、城邑与政治景观。讲夏为姒姓,商为子姓,周为姬姓,各有分支,广筑城邑,互为姻娅,国族联姻,可能属于交表婚(bilateral cross-cousin marriages)。

第二章:道德权威与强制力量。讲三代王权以"功"(merit)为价值标准,即"以行动赢得被统治者的拥护"为道德权威。我理解,就是以"民心所向"为"天命所归"。

第三章:巫觋与政治。讲甲骨占卜。作者以商王为大巫,讲三代政治的巫术基础,如商王和甲骨文的关系。

第四章:艺术:攫取权力的手段。讲青铜器纹饰。作者把纹饰解释为通天手段。

第五章:文字:攫取权力的手段。讲史前陶文、殷墟甲骨文和商周青铜器铭文。作者把文字也解释为通天手段。

第六章:对手段的独占。讲九鼎传说、青铜冶铸和三代统治者对铜锡矿源的控制。

第七章:政治权威的崛起。讲财富集中引起权力集中。

案 东西方文明有什么不同是个大问题,很多学者反复讨论。柴

---

[1] K. C. Chang, *Art, Myth, and Ritual: The Path to Political Authority in Ancient China*, Cambridge, Mass.: Harvard University Press, 1983. 案:Ritual的本义是"礼仪",译本作"祭祀"。

尔德、李约瑟讨论过，梁漱溟、徐旭生也讨论过。[1]

此书后记即作者在香港《九州学刊》总第1期（1986年）上发表的《连续与破裂：一个文明起源新说的草稿》。此文受拉巴尔（Weston La Barre）和佛尔斯特（Peter T. Furst）关于萨满教和亚美关系说影响，试图折中中国考古和美洲考古，把世界文明分为两大系统：东方，中国文明和美洲文明以"连续性"为特点；西方，近东文明和欧洲文明以"破裂性"为特点。此外，他还受杜维明"存有连续"说影响，把前者叫"天人合一"，后者叫"天人分裂"，认为前者靠政治统治，后者靠技术和商业统治。

张光直《考古学专题六讲》（增订本）

1984年8月22日至9月7日，张光直在北大考古系做过九次讲演。讲演稿经整理，分成六篇。[2]前有前言，后有附录三篇和陈星灿的"新版赘言"。

第一讲：中国古代史在世界史上的重要性

作者分两个问题讲这个重要性。第一，他很重视马克思的"亚细亚生产方式"，认为这种生产方式有别于古典的或其他的生产方式。他把中国文明定义为"萨满式文明"，特点是用神山、神树、龟策、三跻、酒、

---

[1] 1976年1月4日，徐旭生去世。《夏鼐日记》1976年1月21日："上午徐旭生同志家属来所，致谢所中对于其后事的安排，并谈及其遗著《东西文化的比较》及捐赠所遗藏书事。"（卷八，5页）徐旭生的儿子徐桂伦回忆，1945年徐旭生撰《中西文化初探》，20世纪60年代完成（10万字），交《历史研究》，不料"文革"骤起，不但发表的希望顿成泡影，连手稿也不知所终。见氏著《徐旭生生平概略》，《徐旭生文集》，北京：中华书局，2021年，第12册，2219—2256页。疑《中西文化初探》即《东西文化的比较》，1976年手稿尚在。
[2] 此书有文物出版社1986年版和生活·读书·新知三联书店2010年版。后者是增订本。

灵芝、麻籽、玉琮沟通天地。第二，他把世界文明的发生途径分为两种，一种是以"玛雅—中国连续体"为代表的非西方式文明的发生途径，一种是以两河流域为代表的西方式文明的发生途径。前者是文明发展的常态，后者是文明发展的变例。

作者认为，中国文明对重新认识世界史的通用法则有重要贡献。"研究中国的古代史不能不研究世界史，研究世界古代史更不能不研究中国史"（24页）。

第二讲：从世界古代史常用模式看中国古代文明的形成

作者分四个问题介绍有关理论。

第一，研究农业起源的契机，可举四说，一是索尔（Carl O. Sauer）的"东南亚（包括华南）起源"说，二是宾弗（Lewis Binford，即宾福德）的"广幅利用资源"说，三是弗拉纳瑞（K. V. Flannery）的五种"取食系统"说，四是怀特（Robert Whyte）的"干燥地区起源"说。

第二，研究世界农作物的栽培中心，可举三说，一是瓦维洛夫（N. I. Vavilov）的"八大中心（中国、印度、中亚、近东、地中海沿岸、埃塞俄比亚、中美、南美）"说，二是哈兰（Jack Harlan）的"三大中心（中美、南美；近东、非洲；中国、东南亚）"说，三是李惠林的东亚"四带"说，他把东亚的植物分成北华带、南华带、南亚带、南岛带。

第三，研究公元前五千年以前农业起源的考古线索，可举越南的和平文化和泰国的仙人洞文化。

第四，研究中国最早文明的温床，可举二说，一是考德威尔（Joseph R. Caldwell）的"交互作用圈（interaction sphere）"说，二是班内特（W. C. Bennett）的"地域共同传统（area co-tradition）"说。

第三讲：泛论考古学

作者说，考古研究的对象包括人工制品、制造过程中的废弃物、垃圾中的动植物、实验室资料、古文字资料。考古学分科学考古学和狭义考古学、史前考古学和历史考古学。考古学是特殊的历史学，与许多学科交叉，训练越广，工作面越宽，贡献越大。考古学研究分资料（data 或 information）、技术（technique）、方法（method）、理论（theory）四个层次。资料是基础，技术、方法是手段，理论是总结。技术、方法是中立的东西，没有阶级性，没有民族性，没有国家性，但理论不同，有立场的不同。理论左右方法。

第四讲：考古分类

作者说，"分类"与器物排队的"类型学"还不太一样。他说的分类是文化意义上的分类，即古人自己的分类。有史时期，可以利用语言线索（如器物自名）。史前，要依研究目的定标准，建立一套符号系统。目的不同，分类不同。

1950年，柴尔德的文化定义是："一个文化界说为与同样的房屋和具有同样葬仪的埋葬一起重复出现的一组器物。器具、武器、饰物、房屋、葬礼和仪式中所用物品的人工性的特征，我们可以假定是把一个民族团结起来的、共同社会习俗的具体表现。"

1960年，宾弗提出批评，认为生活习俗在一个文化的不同部分可以有很大差异，同一个文化在不同的季节都会使用不同的工具。

第五讲：谈聚落形态考古

聚落形态研究是美国考古的一大特色。作者回顾了威利、泰勒、宾弗等人的研究，并介绍了地理学、民族学的"蓝图"（即模式），以及考古学研究的四个作业步骤。

第六讲：三代社会的几点特征——从联系关系看事物本质两例

此讲是由两篇已刊论文改写。一篇是《中国古代艺术与政治》，一篇是《夏商周三代都制与三代文化异同》。两篇均已收入《中国青铜时代》。

附录三篇，《论"中国文明的起源"》是作者遗稿(1990年)，《〈古代中国考古学〉中文版自序》即下书序(1993年)，《二十世纪后半的中国考古学》(1980年)则是对中国考古的评价。

案 这三篇的最后一篇有段话：

> 上面说过在1950年以后中国考古学的发展是与中国内部的政治变化配合的。苏秉琦先生在中国考古学史上的地位问题，就是一个例子。虽然他的区系类型学说始于70年代，但它在考古界公开露面要等到1981年6月北京史学会的一个讲演。在这以前他的一个公开讲演是在吉林大学讲的。吉林和北京不同，天上地下，这是怎么回事？夏鼐先生是1985年6月去世的，所以夏先生——他作了一本也是《中国文明的起源》——在世的时候苏先生的说法是听不到的。

他多次引用苏的"区系类型"说，认为此说与其"互动圈"(sphere of interaction)说暗合。

张光直《古代中国考古学》（印群译）

此书是从英文本翻译。所谓"古代中国"(Ancient China)是上古中国，

张光直的"两系文明"说

包括史前时期和早期文明。初版是据作者的博士论文《中国史前聚落：考古学理论方法的研究》改写，前后凡四版(1963、1968、1977、1986年)，[1]不断修订增补。这是张光直把中国考古介绍给英语世界的代表作。

全书分七章。第一章讲旧石器时代，第二章讲最早的新石器文化，第三章讲北方的新石器文化，第四章讲南方的新石器文化，第五章讲中国文明的互动圈，第六章讲中国最早的文明：夏、商、周三代，第七章讲"三代"以外的最早文明。书前有中文版自序、卷首语和序言，后有结语、跋、译后记和陈星灿的中文版跋。第六、第七章相当《中国青铜时代》的讨论范围。

张光直有个著名假设："殷墟的发掘对于考古学、金石学及传统的编史工作的结合具有特殊的重要意义。如果这些最早的大规模的由政府组织的持续发掘是在一个史前遗址上，那么一个独立的属于社会科学范畴的考古学分支可能已在中国发展起来，可殷墟是一个进入文明以后的历史遗址，出土了丰富的文字资料：甲骨卜辞和青铜器铭文。而且，许多传世的青铜器，据说是出自这个遗址，这是历史上持续盗墓的结果。因此，对殷墟的任何考古研究都必须与传统的编史工作及金石学结合起来。这带来了两方面的结果：一个结果是已经建立了属于人文科学范畴内的考古学，它成为革新后的这个传统编史工作的一个分支，所以它也给传统的金石学带来了新生。另一个结果是由于上述这些原因，在中国的国家研究机构、博物馆系统及大学里，一直保留着考古学与历史科学相结合的传统。"（序言，21—22页）

---

[1] *The Archaeology of Ancient China*, New Haven and London: Yale University, 1st edition, 1963; 2nd edition, 1968; 3rd edition, 1977; 4th edition, 1986.

张光直说，李济、高去寻、石璋如、尹达、夏鼐都是由"殷墟发掘"培养出来的考古学家，中国考古学是在"编史传统"下发展起来的，与西方考古学的路子不同。据李永迪（张光直的弟子）说，张光直经常用这个假设问他的学生。

案 罗泰所说"中国考古学的编史倾向"其实是遵师说。[1]社科院考古所有个国际学术讨论会，中国学者对此说有不同看法。[2]

夏鼐读过此书初版，[3]评价是"此书用文化人类学的观点来介绍中国考古学，主要是解放以后的收获，颇能自成一说，但其中有些立论过于仓促"。[4]

张光直《中国考古学论文集》

这是《中国青铜时代》以外的另一本考古论文集。集中共收19篇文章，书前有作者前言。这19篇文章，从内容看，可分为三类。

（一）与大陆考古有关的七篇

《考古学与"如何建设具有中国特色的人类学"》是回应大陆学者（苏秉琦、俞伟超和张忠培）的"中国学派"说。作者提倡的"中国特色的人类学"是折中西方人类学和中国历史学。

《考古学和中国历史学》讲中国考古学的证史传统。

---

[1] Lothar von Falkenhausen, "On the Historiographical Orientatuon of Chinese Archaology," *Antiquity*, vol. 67: no. 257 (1993), pp. 839-849. 中文译文：洛沙·冯·福尔肯霍森（即罗泰）《论中国考古学的编史倾向》，陈淳译，《文物季刊》1995年2期，83—89页。
[2] 参看《21世纪中国考古学与世界考古学国际学术研讨会纪要》，《考古》2000年12期，20页。
[3] 《夏鼐日记》1963年8月16—17、20—23日，9月12日（卷六，359—360、364页）。
[4] 《夏鼐日记》1963年9月12日（卷六，364页）。

《对中国先秦史新结构的一个建议》把先秦史分为直立人、现代人、农业革命、城市革命四段。

《中国新石器时代文化断代》是总结中国新石器时代的年代谱系。

《中国远古时代仪式生活的若干资料》讲仰韶、龙山祭仪的不同。作者认为，仰韶祭社不祭祖，龙山、殷商祭祖，同时也祭社。

《仰韶文化的巫觋资料》讲仰韶文化所见与巫术有关的六个例子。

《中国相互作用圈与文明的形成》译自《古代中国考古学》第二版（1968年）的第五章。"相互作用圈"即文化互动圈，类似苏秉琦后来提出的区系类型说。译文原载《庆祝苏秉琦考古五十五年论文集》（北京：文物出版社，1989年）。作者把公元前四千纪的史前文化分为五区：山东龙山文化、良渚文化、黄河中游龙山文化、齐家文化、青龙泉三期文化。

（二）与台湾考古有关的七篇

包括《中国东南海岸的"富裕的食物采集文化"》《中国东南海岸考古与南岛语族起源问题》《台湾省原始社会考古概述》《新石器时代的台湾海峡》《"浊大计划"与1972年到1974年浊大流域考古调查》《浊水溪大肚溪流域考古——"浊大计划"第一期考古工作总结》《圆山出土的一颗人齿》，涉及台湾岛的圆山、凤鼻头、大坌坑等遗址，以及海峡对岸的富国墩文化和昙石山文化，以及这类考古遗存与南岛语族的关系。

（三）其他五篇

包括《中国古代文明的环太平洋的底层》《古代贸易研究是经济学还是生态学》《中国古代王的兴起与城邦的形成》《殷墟5号墓与殷墟考古上的盘庚、小辛、小乙时代问题》《〈李济考古学论文选集〉编者后记》。

案　　这批文章，《考古学与"如何建设具有中国特色的人类学"》

最重要。

人类学的方法,特点是"以后证前"的逆推法,或曰"直接历史法"(Direct Historical Approach)。马克思有一句名言,"人体解剖对于猴体解剖是一把钥匙"(《〈政治经济学批判〉导言》),就是讲这个道理。

美国考古学是以民族志和人类学解释考古现象,特点是借"活着的印第安人"来理解"死去的印第安人"。中国历史一直是"夏含夷""夷含夏","夏"也好,"夷"也好,都有活着的后裔在,都有丰富的连续不断的历史记载,都有大量的民族志材料。为什么我们就不能把晚期中国历史当"民族志","以夏证夏"、"以夷证夷"和"夷夏互证"呢?

张光直《考古人类学随笔》

这个集子,内容分五组。第一组:"狗尾'序'貂",全部是序跋。第二组:"大题小作",主要是对中国考古学的回顾与展望,题目很大,文章很短。第三组:"关于台湾",讲台湾考古与海峡对岸的关系,以及对环太平洋地区的影响。第四组:"一个考古工作者的随笔",是1993年夏给《中国文物报》写的专栏。第五组:"杂文",有四篇是悼念文章。书前有作者前言,书后有陈星灿和海基·菲里的两篇采访。下面做点摘录:

(一)《要是有个青年考古工作者来问道》(126—127页)

作者告诫青年考古工作者,第一要做田野工作,第二不要只跟一个老师,第三不要只读考古书,第四要了解世界史,至少对中国以外的一个地区有深入了解。

(二)《谈文物盗掘与走私》(128—129页)

此文写于1993年,正是中国大陆盗掘猖獗,大量文物流入港台,走向欧美之时。作者说,"我知道不管采取哪些手段,文物盗掘走私是根绝不了的。但一个国家的文物就是它的灵魂。人莫大于心死，国家亦然。中国再不对文物盗掘走私宣战，在世界面前怎能抬起头来"。

（三）《怀忆民族学前辈学者凌纯声教授》（132—133页）

凌纯声是莫斯（Marcel Mauss）和葛兰言（Marcel Granet）的学生，但受蒙坦顿（George Montandon）影响更大。作者在台大学人类学，受凌纯声影响最大。

（四）《从俞伟超、张忠培二先生论文谈考古学理论》（141—148页）

1992年，俞伟超作《考古学新理解论纲》，提倡"新考古学"。次年，张忠培作《考古学当前讨论的几个问题》，捍卫"传统考古学"。两人为"新考古学"起争论。作者对"新考古学"的来龙去脉很熟，出来做点说明。

他说，"首先我想应该将英美（尤其美国）60年代起飞的大革新的始作俑者弄清楚。很多考古学史家用宾弗（Lewis Binford）作为所谓'新考古学'的创始人，这是不正确的。向美国传统文化史派考古学开第一炮的是当时在哈佛大学人类学系做助理教授的36岁的柯莱德·克罗孔（Clyde Kluckholn）"（142页）。克罗孔即克拉克洪，早在1940年，他就批评祁德（Alfred V. Kidder，即基德尔，克罗孔的老师，也是梁思永的老师），批评传统考古学"见物不见人"。"二战"后，他的学生泰勒（Walter W. Taylor）起而批评"专搞年代学与器物类型学，而不重视对人类行为的研究"，"主张用人类学与历史学的方法和理论，研究考古学的资料"（143页）。史都华（Julian H. Steward，即斯图尔德）、魏利（Gordon R. Willey，即威利）继之。克罗孔、魏利是张光直的老师。

其次，他提到20世纪60年代，"新考古学"的崛起是怎么回事。这是个全球青年不满现实，追求理想，幻想改革的年代。他说，考古学是在这种时代风潮下发生变化。"美国的一些青年考古学者,接着克罗孔、泰勒、史都华、魏利等人发动起来的新作风,要求考古学走出年代学和类型学的老路,以研究人类社会的发展变化程序为目标,使考古学成为社会科学,对当代的问题可以有所启示,但是从60年代的青年人的眼光来看,四五十年代的这几位革新考古的先驱,也是老古董了,宜于忽视,以宾弗为中心的芝加哥大学的几个年轻学者和研究生,便另起炉灶,从各社会科学学科借来一套新名词,将泰勒、魏利等人的考古新方法,重新安排了一下,变出来一套所谓新考古学"(144页)。他把宾弗戏称为"宾弗教主"。

作者认为,"新考古学"有长处,也有短板。最大毛病,一是拉帮结派,"唯我独尊,排除异己";二是华而不实,"用新名词,说老内容";三是卖弄新术语,生涩难懂;四是鄙视资料,过分强调"程序"("假设验证"的程序)。其实,"近二三十年来美国考古学最大的进展可以说是在'技术'上面"。他主张"理论多元化,方法系统化,技术国际化","尤其第三项'技术国际化'更是当务之急"(147页)。

作者主张"推陈出新",而非"弃旧图新"。"理论多元化"是针对第一个毛病。"假设验证"属于方法层次。胡适主张"大胆假设,小心求证",前者是"大刀阔斧",后者是"绣花针"。孔子深恶"臆必固我"。甲骨卜辞有"命辞—占辞—验辞"程序,滥用假设,与占卜无异。但作者认为,"程序合理"总比"想当然"好。

(五)《新年三梦》(151—152页)

"新年"是1988年的新年。"三梦"的第一梦是推动台湾考古,第二梦是实现傅斯年提出的"让科学的东方学之正统在中国",第三梦是在中国各地建世界博物馆。[1]

"三梦"是由小到大排列。台湾是张光直的根,"家乡考古学"很重要。中国是更大的家,他也舍不下。傅斯年的口号是典型的"民族主义"口号,但作者并不忌讳,坚信世界考古学的希望在中国。效法西方,建世界博物馆,恐怕有问题。抢不应该,买不合适,用多余标本换外国文物,中国法令不允许,我看还是借展最好。

(六)《台湾新考古学的播种者——忆李光周先生》(162—165页)

李光周是李济的小儿子(从李济夫人的哥哥家过继)。作者说,"我在美国考古学界已三十多年,很多同业们认为我是新考古学的反对派。其实我并不反对新考古学,只是不对它盲目崇拜而已","新考古学并不能取代旧考古学,但有它加入了考古学的园地,我们就能进入到一个更高的境界"(164页)。

(七)《人类学派的古史学家李济先生》(166—173页)

李济是人类学出身,他一辈子都没有忘。但李济经常挂在嘴边的"人类学"主要是体质人类学。张光直回忆,"李先生头一次上课便在黑板上写了一句《荀子·非相》的话:'人之所以为人者,非特以二足而无毛也,以其有辨也'"。此语曾启发张光直到美国求学,见《番薯人的故事》后记的最后一句话。

(八)《哭童恩正先生》(174—178页)

1981年,夏鼐叫停川大与哈佛合作考古,他的考虑是什么,张光直的解释是:"下面是我很久以后听到的小道消息。夏先生从美国回京次日就驱车到教育部,质问什么人签字同意把考古学放在合作项目里面的,

---

[1] 参看下《中国考古向何处去——张光直先生访谈录》第五条。

应给予适当的惩罚。我们和四川大学的商议，从开始到结束，夏先生一个字也没看，从原则上就反对中外考古合作。从第一天开始做梦，到童先生回到四川大学，我们两个人所计划一切的理想都是白做的。事实上童先生刚回北京就又和夏先生谈过一次，但夏先生的立场一点未变。这是日积月累多少年以后我才知道的。""夏先生反对中外考古合作我早已知道。在他有一次来哈佛时，便很情绪性地告诉我，中国人不能和外国人考古合作至少有两个原因。第一，外国人的考古技术发达，中国人很难赶过，如在中国境内一起考古，中国人的成绩一定不如外人。第二，外国人不能相信。一个例子：梁思永和Creel说好的，合写一本书，讲安阳殷墟。结果，书出来之后（书名 The Birth of China），全是Creel。由这两个例子，我在考古所任上一日，外国人就不能碰中国的古物。夏先生的人格学问，都是我和童先生极为佩服的。他对于中外合作的意见也是我们完全可以理解的。但是这种心态是30年代和40年代的心态。全球的考古学家都需自动遵循今天20世纪90年代的行为准则。"（177页）

（九）《中国考古向何处去——张光直先生访谈录》(181—247页)

下面做一点儿摘录：

1. 重申《古代中国考古学》序言中的假设。"中国历史上第一次重大的发掘——由国家集中人力采用新输入的现代考古学的方法所进行的发掘，是在河南安阳的殷墟。这件事情对中国考古学后来的发展，有很大影响。殷墟是历史时期的遗址，在它的研究上一定要使用文献的材料，出土甲骨和金文的材料，所以把考古学主要放在了历史学的范畴内。考古学的目的、方法和所利用的文献，使它主要在中国历史学的传统内延续下去。这种考古学的成见，影响到史前学的研究。假设中国集中人力连续数年发掘的第一个遗址，不是殷墟而是新石器时代的遗址比如半坡、姜寨或者庙底沟，培养出来的一代专家，不在历史学而是在史前学的领域内，很可能中国考古学会走到另一条路上去。中国的考古学会注重生态环境、植物、动物、土壤的研究，注重陶片分析、遗址分析和石器分析等等，就如西方的那样。但是，历史是不谈假设的"（183页）。

2. 考古学在美国大学教育中的位置。"他们的专业教育是在研究生院学的。念考古的研究生一般是到人类学系，方向是非西方考古学。西方的考古学则在美术史系、古典研究系和近东系"（184页）。

3. 美国教授为什么对中国的考古材料持怀疑态度，对日本的考古材料不怀疑。"我觉得不是怀疑的态度，是不知道的态度。因为他们不知道，所以不敢信任。但是即使是他们看得懂的东西，他们往往也不信任，这是很遗憾的事情。我有一个很强的感受，中国考古学的材料很多，应该给外国人作介绍。主要是介绍给非专门研究中国的西方一般的学者，我们不希望这些人会看中文，所以最好我们给他们翻译出来。但是现在某些中文期刊的英文介绍，英文水平很不够"，"说到日本，日本现在的材料不会被西方人怀疑。因为他们现在的翻译做得很好……第三世界国家的情况差别很大。比如印度，有的考古学家的工作让人信任，有的则不然。一般说来，第三世界国家的科学研究不够标准，如果翻译成外文的水平再降一格，给人的印象就是你的研究做得很坏"（186—187页）。[1]

4. 文明起源问题。"中国人感兴趣的文明起源问题，在国外反而不是热点。因为文明起源的研究涉及族群和文化的认定问题，这在西方是一个不大谈的问题。西方的文明不大容易定位，不像中国那样。比如美国是一个大熔炉，全世界的文化都是它的来源；欧洲也是这样，它有所谓

---

[1] 西方学者的亲疏远近，不尽在于研究水平和译介水平，"文明等级"也起很大作用。

的'野蛮人',有一重重文明从地中海到北欧的传播,然而讲到族群的定位,一般只能讲到一个地区比如爱尔兰人、德国人等等。但是另一方面,西方文明是一个大的文明,讲起源,不能讲英国文明或德国文明的起源,因为他们只是西方文明的一部分。他们定位为西方文明,我们定位为中国文明。中国文明与西方文明的规模是可以相比的,都很大"(188页)。

5. 在中国建外国文物博物馆。"还要建立外国文物的博物馆。中国的文物全世界都有,外国文物在中国就没有。我在国内走了那么多的地方,没有发现世界史或世界考古的博物馆,外国文物很少有人有兴趣收藏。1975年我第一次到殷墟的时候,就给考古所安阳队的杨锡璋、杨宝成先生建议,把地面上俯拾皆是的殷墟四期的陶片收集起来,同国外交换。但由于制度不允许,所以至今没有成功。保护中国文物的主权是绝对必要的,现在大量的文物流到国外,国家没有办法,而把无用的地面上的陶片收集起来用作交换,又受到文物法的限制,这是很令人遗憾的事情"(190页)。[1]

6. 解决经费紧张问题。"关于解决经费紧张问题,我很想推荐美国富豪捐款做慈善事业的制度。美国如果没有这种制度,就不会有哈佛、耶鲁、麻省理工学院这一类的大学,不会有斯密斯生研究院这一类的机构,[2]当然就不会有今天美国在科学技术上的领导地位。这种行为在中国也不是没有,前清的武训,民国的陈嘉庚,都是好例。十年来的中国经济改革,成就了许多大富翁,希望他们捐款给中国的科学研究,向陈嘉

---

[1] 1958年,不列颠博物馆曾与中科院考古所交换标本,见《夏鼐日记》1958年4月16日(卷五,365页)和12月3日(卷五,415页)。承王世民先生告,此事是由文物局安排。当时,考古所送仰韶尖底瓶、沣西遗址陶片等标本给不列颠博物馆,不列颠博物馆送哈拉巴遗址陶片给考古所。
[2] 斯密斯生研究院,即史密森学会(Smithsonian Institution)。

庚和捐款建造北京大学赛克勒博物馆的美国医生赛克勒学习，也花钱换个不朽"（191—192页）。

7. 传统考古学、过程考古学和后过程考古学是正、反、合。"传统、新和后新考古学的演变，正合乎正、反、合的三段论法。传统考古学是正，新考古学是反，后新考古学是把新考古学作了一番扬弃，又回到传统考古学的一些主题上去，是合"（192页）。

8. 考古学和民族学的关系。"考古民族学"一词的由来。"新考古学所谓的'美国的考古学是人类学，要不什么也不是'的说法，客观上是由于历史考古学在美国开展得很晚，不过是近一二十年的事情，但毕竟在史前考古学和民族学之间，有了历史时期的考古学。所以美国考古学的人类学的取向（dimension）不会消失。但美国考古学只是人类学的说法，现在已经没有多少人坚持了。说到民族考古学，它是从考古学的目的出发，研究民族学的一种学问。1967年，我在《当代人类学》杂志上，发表了一篇《论考古学和民族学的关系》的文章，造了一个ethnoarchaeology，即民族考古学。后来此字在美国生根，变成了一个大家都熟悉的学科，但在讨论民族考古学的起源的时候，没有人提到我的那篇文章"（197—198页）。

9. 自我评价。"我一生中有几件工作我自己很高兴。一件是商代王室继承的发现……我的意见是商代王室继嗣分为两部分，轮流执政……让我高兴的第二项工作是台湾绳纹陶器年代顺序的建立，这个发现为我们解释太平洋诸岛人类起源的问题提供了可能性。最后，我对商代青铜器上动物纹饰的解释——对我来讲这一解释把所有的已知线索归纳在一起，告诉我们真实的文化变迁的过程，向我们最后提供了一条与传统模式不同的道路。我没有任何意思建议'东方是东方，而西方是西方'，我相信，在最终的目标上，在一个最高的水平上，普遍性是存在的。但是，就中国的实际情况，像任何其他区域一样，应该按照它自己的规律去进行研究。也许在将来我们有能力做一些有效的比较"（246—247页）。[1]

（十）《与张光直交谈》

张光直提到，"今天，非洲独源或夏娃（Eva）的理论显然是有问题，爪哇人类化石年代的重订和金牛山人头骨的发现迫使我们重新认识人类的起源，绝没有什么独源论"（210页）。[2]

案 这批文章，《哭童恩正先生》最重要。此文终于吐露了张光直的不快，以及他对夏鼐叫停中美国际合作一事的"理解"和"遗憾"。

张光直的"自我评价"：商王继嗣法、台湾绳纹陶器序列、商代动物纹饰是他这一辈子的三个贡献，其中不包括他说的"比较"。大概，在他看来，他的"两系文明"说只是"草稿"。

关于"非洲独源"说（或基因说）的再认识，可参看高星《更新世东亚人群连续演化的考古证据及相关问题论述》（《人类学学报》第33卷第3期，2014年8月，237—253页）。

张光直《番薯人的故事——张光直早年生活自述》

此书是自传性质的作品。"番薯人"是台湾人自称。"张光直早年生活"

---

[1] 俞伟超认为，张光直的最大贡献有三：一是商王庙号中的乙丁制；二是中国三代铜器在全球青铜文化中最辉煌的地位；三是《古代中国考古学》对中国考古材料的人类学处理。他说，张光直同意前两点，见他的《往事追记》（《四海为家》，19—21页）。

[2] 中科院古脊椎动物与古人类所的吴新智院士也持此种观点。

是他上大学前的生活（1—19岁）。书中所述是他从1931年在北京出生到1946年随父母迁台，在台湾碰上白色恐怖，1949年入狱，1950年出狱这一段。这一段是沧桑巨变，让他刻骨铭心。

张光直是台籍文学家张我军之子。张我军有四子，张光正老大，张光直老二，张光诚老三，张光朴是老四，皆生于北京，以出生地而论，又都是北京人。

案　张光直的一生分三段：1931—1946年在北京，是第一段；1946—1955年在台湾，是第二段；1955—2001年在美国，是第三段。

第三段又分三小段：1955—1960年在哈佛大学读博士是一段，[1] 1961—1977年任教耶鲁是一段，1977年以来任教哈佛是一段。

1975—1997年，他经常跑大陆。1994—1996年曾任台湾"中研院"副院长。

此书所述只是其生命的前两段：北京时期和台湾时期（1931—1955年）。这两段对他的一生影响很大。

小　结

以上九书是生活·读书·新知三联书店2013年版的《张光直作品系列》，内容涉及四类研究。

1. 台湾原住民考古

台湾考古与台湾原住民的人类学考察有关，与南岛语族的研究有关，与环太平洋地区的研究有关。张光直的早期作品，特别是他在台大、哈

---

[1] 张光直从哈佛毕业，李济劝他回台湾，他没回。为什么不回，学者有各种猜测。

佛读书期间的文章多半都是讨论这类问题。耶鲁时期，他与宋文薰合作，发掘过凤鼻头、大坌坑遗址，组织过浊水溪、大肚溪流域的考察。但这套书，有关论文不多，只有《中国考古学论文集》收入的七篇。台湾考古与中国东南沿海的考古密不可分，张光直把大坌坑文化列为中国考古文化的一支。

2. 美国考古

《考古学——关于其若干基本概念和理论的再思考》是代表作。美国考古是以美洲旧石器考古为主，并与美洲原住民的人类学调查有关。美洲考古与台湾考古同属环太平洋地区研究，研究方法相近。

3. 中国考古

《古代中国考古学》是代表作。此书第一版出版于1963年。1963年之前，研究中国考古，郑德坤《中国考古学大系》三卷本（三卷分别出版于1959、1960、1963年）是主要参考书。《古代中国考古学》出版后，取前者而代之。作者的另一部专著是《商文明》。这两本书是用英文写作。《中国青铜时代》《中国考古学论文集》是与二书有关的论文集，集中所收论文，大多用中文发表，少数从英文翻译。

4. 中国文明起源新说

《美术、神话与祭祀》《考古学专题六讲》是代表作。这两本是讲演集。作者把上述三方面打通，糅合在一起，以成其萨满文明说，并把世界文明分为"连续性的文明"和"破裂性的文明"。

此外，作者有《考古人类学随笔》，内容比较杂。书后有两篇采访，很重要。

张光直身居海外，心系故国，深以不能到中国大陆考古为憾。他在台湾，只能研究台湾考古和史语所迁台带去的旧材料（主要是殷墟发掘的材料);在美国,只能研究美国的考古学理论和美洲考古。他以"文化难民"自嘲,曹兵武称之为"边缘人"。[1]但边缘有边缘的好处,使他具多重视角。

1972年,尼克松访华,中美关系的僵局被打破,张光直异常兴奋,研究重点转向三代考古。1973年底,他曾致信郭沫若和夏鼐,联系来华访问。[2]1975、1977和1978年,他曾三次访问中国大陆。[3]1979年1月1日,中美建交。建交还不到一个月,他就写信给夏鼐,建议中美合作考古。[4]

1979年2月23日张光直致夏鼐信提到夏鼐2月16日来信。张光直说:"您的信我仔细地读过,我的印象是:您和安志敏先生对我所提出来的考古合作研究计划,从专业的立场来看,是赞成的,但估计起来不好实现,因为'有许多困难'。"[5]

李零和李水城都提到,张光直曾向宿白提出到北大工作,向夏鼐提出到社科院考古所工作,两件事都没成功。[6]

中国考古国际化,他是主要推手。他的泛萨满说、玉琮通天说,以及聚落考古和资源考古理论,对中国考古界影响很大,对年轻人影响更大。

---

[1] 曹兵武《边缘人的心声》(《四海为家》,131—139页)。
[2] 李卉、陈星灿编《传薪有斯人——李济、凌纯声、高去寻、夏鼐与张光直通信集》,北京:生活·读书·新知三联书店,2005年,237—238页。
[3] 1972年,美国科学院曾派考古美术考察团访华,张光直没参加。1975年,他是参加美国古人类学代表团访华。1977年,他是以探亲名义访华。1978年,他是参加汉代历史代表团访华。
[4] 《夏鼐日记》1979年1月22日提到"阅张光直教授寄来的合作考古的建议"(卷八:270页),1月23日提到"晨间赴院外事局,联系关于国际史学会议事及张光直提出考古合作事"(同上)。
[5] 《传薪有斯人》,256—259页。案:夏鼐1979年2月16日信未见。
[6] 参看李零《我心中的张光直先生》,《四海为家》,77页;李水城《张光直先生与北大》,《四海为家》,100页。案:承王世民先生告,1975年张光直第一次来,在北京饭店租了个房间,为考古所做报告,第一天或第二天,张光直留下和夏先生单独谈话,第三天听说他想回来参加田野工作,夏先生婉言谢绝了。

虽然，他生命的最后二十年，一切并不顺利。1981年，他与童恩正的西南考古计划被夏鼐叫停，但他清醒地意识到，一个"中国考古学的黄金时代"正在到来。

张光直有个"商丘考古"之梦。1990年，中美合作的"商丘考古"在徐苹芳任上终于开启。1998年，台湾当局停止提供发掘经费。2000年春季是最后一次发掘。[1]

他说，"这个计划已经进行了很长时间了，正像德国人谢立曼（Schliegmann）在土耳其寻找传说中的城市特洛伊（Troy）"。[2] 2001年1月3日，他是在离梦想最近的时刻撒手人寰。疾病夺去了他的生命。他无法看到他身后的一切。

2021年4月22日河南省文物局发布消息：

> 为贯彻落实习近平总书记关于"商文化起源于河南商丘，兴盛于河南安阳"的重要指示，4月17日，经国家文物局的批准，由中国社会科学院考古研究所申请考古发掘执照，唐际根教授任发掘领队，中国社会科学院考古研究所、河南省文物考古研究院、商丘市文物考古研究院、南方科技大学、河南大学共同参与的河南省商丘市宋国故城遗址考古发掘项目正式启动。此次计划考古发掘面积900平方米，这是二十世纪九十年代中美联合考古队在商丘地区进行田野考古调查和发掘后，再一次开展的商丘市大型考古勘探发掘项目。

---

[1] "商丘考古"的发掘经费出自"蒋经国基金会"，1998年后台湾停止提供经费。参看张长寿《张光直和中美在商丘的合作发掘》（《四海为家》，41—48页）。
[2] 《与张光直交谈》（《考古人类学随笔》，245页）。

中央研究院歷史語言研究所
傅斯年漢學講座 1997

考 古
文明 與 歷史

張忠培　俞偉超

新旧之争

俞伟超《先秦两汉考古学论集》（北京：文物出版社，1985年）

俞伟超的书，除考古报告《三门峡漕运遗迹》（北京：科学出版社，1959年），主要有四部，这是第一部。1985年是个关键年头，这一年，夏鼐去世，俞伟超从北大调到中国历史博物馆。这批文章，当以《古史分期问题的考古学观察》《周代用鼎制度研究》《楚文化的渊源与三苗文化的考古学推测》最有代表性。他说，这是他的"三大发现"。

（一）《古史分期问题的考古学观察》

"古史分期问题"是中国史学界的"五朵金花"之一。古史分期五派，魏晋封建论最重马克思主义，最重比较研究，最接近苏联史学，但最受打压。"文革"后，俞伟超曾与郑昌淦商议，约人写文章，为"魏晋封建论"翻案。这是其中一篇。他把商代、西周定为家内奴隶制，春秋晚期定为劳动奴隶制，汉末魏晋定为封建制。此文虽为作者看重，但不如后两篇文章影响大。

（二）《周代用鼎制度研究》

此文是与高明合作，[1]对考古界影响极大，几乎被奉为金科玉律，当作判定器物组合和墓葬等级的公式和法则，引用率极高。

（三）《楚文化的渊源与三苗文化的考古学推测》

此文对河南、湖北、湖南、安徽四省的"楚文化研究"影响极大。

案 集中所收都是他在北大所写，对北大时期是个总结。北大时期的俞伟超是个马克思主义者。

---

[1] 此文初稿是高明所写，最初只有东周部分，后经俞伟超扩展修订，刊于《北京大学学报》1978年1、2期和1979年1期，收入此集时，又有一些修改。未改本见《高明学术论集》（上海：上海古籍出版社，2013年），其再刊说明对该文写作过程有详细说明。

俞伟超《中国古代公社组织的考察——论先秦两汉的單—僤—弹》（北京：文物出版社，1988年）

农村公社问题也是马克思主义史学关注的问题。杜正胜、林甘泉对此文有批评。[1]

案 此书之作始于1958年，主要写于北大时期，最终完成于他调入历博后。

俞伟超《考古学是什么》（北京：中国社会科学出版社，1996年）

此书是俞伟超探讨考古学理论的代表作。全书包括12篇文章。前有张承志序：《时代的召唤与时代的限制》，后有附录：张承志《诗的考古学——俞伟超张承志对话录》，张爱冰《考古学是什么——俞伟超先生访谈录》，曹兵武、戴向明《中国考古学的现实与理想——俞伟超先生访谈录》。

（一）张承志序

张是俞的学生，俞请张作序，感情非同一般。张序所谓"召唤"是说考古学家与革命家有共同点，如扎根基层、接近群众、吃苦耐劳，这是革命精神的召唤；所谓"限制"是说美国人类学和考古学有血淋淋的殖民背景。此序跟老师此时此地的想法正好相反。他想给老师提个醒，话很委婉，也很尖锐。

---

[1] 杜正胜《"单"是公社还是结社——与俞伟超先生商榷》，《新史学》创刊号（1990年3月），107—124页；林甘泉《"侍廷里父老僤"与古代公社组织残余问题》，《文物》1991年7期，52—59页。

(二)正文

这12篇文章可以分为四组：

1.《关于"考古地层学"问题》讲地层学；《借鉴与求真》讲日本的田野工作方法，也以地层学为主；《关于"考古类型学"的问题》讲类型学。这三篇是一组，主要与田野技术有关。

2.《楚墓分期研究的新方法》，所谓"新方法"是先为墓葬分类，再分期；《关于楚文化的概念问题》讲"文化"是包含多种文化因素的文化共同体；《楚文化的研究与文化因素的分析》讲"文化因素分析法"。这三篇是一组，以楚文化为例，探讨"考古文化"概念的复杂性。

3.《文物研究既要研究"物"，又要研究"文"》讲"遗物"背后有"人文"；《考古学研究中探索精神领域活动的问题》讲"物质"背后有"精神"；《关于考古学文化的范畴问题》强调考古学的"文化"类似人类学的"文化"，核心是人类的行为和观念。

4.《我国考古工作者的历史责任》讲通古今之变，研究考古是为了今天；《考古学思潮的变化》讲美国的"新考古学"；《考古学新理解论纲》讲他的"考古学十论"：层位论(即地层学)、形态论(即类型学)、文化论、环境论、聚落论、计量论、技术论、全息论、艺术论、价值论。他把层位论、形态论、文化论叫老三论。这三篇是一组，主要讲考古学新思潮。

(三)附录

张承志的对谈主要围绕俞伟超的人生体验(包括他的三次自杀)和张承志参加过的考古实习。

张爱冰的采访涉及很多问题。例如：

1.考古学的目的是什么。俞伟超的答案是，"我认为，研究古代，是为了现代。考古学的目的，是为了今天"(206页)。

2. 中国考古学处于什么阶段。俞伟超说，世界考古学史分三段，第一段是古物学，第二段是地层学、类型学，第三段是"新考古学运动"，结论是中国还在第二段。

3. 如何理解"中国学派"，中国是不是形成了"中国学派"。俞伟超回顾中国考古学走过的道路。他的总结是，"中国的田野考古学，总奠基人是李济，地层学是梁思永，发掘方法是石璋如，而类型学当推苏公"(212页)。四人中有苏秉琦，没夏鼐。说到类型学，他并没说只有苏秉琦一人。他说，陶器分类，做出贡献有三人，一是李济，二是梁思永，三是苏秉琦。李济、梁思永是用美国借自英国的方法，苏秉琦是用蒙特留斯的方法。苏秉琦对类型学的探讨有一个过程，"第一次是斗鸡台，第二次是洛阳中州路，第三次是仰韶文化，每次都有发展"(212页)，贡献最大。他认为，夏鼐的贡献不在类型学，而是据地层学原理，"改定了齐家文化的相对年代"。"1961年以后，他的研究中心主要集中在两个方面：一是中西文化交流，如波斯银币、外销瓷以及丝织品等；二是科技考古"(212页)。"中国学派"引起争论，是不是形成，是不是存在？俞伟超的解释与前不同，他说，"中国学派"是"苏公1981年首次提出的，重点是区系类型理论，我也曾为之大声疾呼"，"但是，如前所述，在国际背景里，中国考古学目前还处在第二阶段，一系列考古学的新方法、新概念，在我国尚未使用和理解，甚至还很不了解。尽管在第二阶段，中国考古学的野外能力和器物分期能力都具有国际水平，但我认为，'中国学派'的真正内涵(或其特征)仍未确立或被认可。这是我最近的一些想法"(212—213页)。他对《探索与追求》的说法有所修正。

4. 什么是"新考古学"。俞伟超说，决定文化特征的主要是精神方面的因素，"所谓考古学文化，它是一个特定的人类共同体在精神、社会关系、物质生活能力等方面所表现出来的一个综合体，意义极为广泛"(213页)。为此，他回顾了"新考古学"的产生过程，指出了它的一些主要特征，如重环境考古、重人类学、重阐释、重理论、重大胆假设的先定模式，等等。

5. 如何理解中国考古学的国际化。俞伟超强调，中国文明是世界遗产，世界考古，希望在中国。他说，"二战前，中国做了三件事：仰韶、龙山和殷墟。西周并没有搞清楚（斗鸡台）。整个世界考古学，主要是欧洲、西亚、埃及，加上一点南亚和中南美。工作再做下去已经很难了。只剩下中国了。中国的考古还可算作是一块处女地，中国文化本身是一独立体系，对中国古文化的讨论，有可能对全人类历史进程提出一些新的看法。英国的丹尼尔在生前的最后几年曾说，今后几十年考古学发展的关键要看中国。后来，丹尼尔曾对当时在德国留学的黄其煦说，他对中国考古其实是不知道什么的。不过，我看他所以讲上面这句话，是考虑了全球的考古学发展之后才说的。中国的古代文明是全人类共有的文化遗产，我们无权垄断它。考古学是一门国际性的学科"(217页)。"美国人富有创新精神，新理论、新流派出现的速度很快。99%可能错了，但那1%还是比你多"（同上）。

曹兵武、戴向明的访谈，主题是"中国考古学思想变化过程"。访谈分四个问题。

1. 关于早期中国考古学。俞伟超说，"五四"导致"疑古"，"疑古"需要新材料，考古成了一种时髦。"第一次考古发掘实际上比安特生的仰韶村发掘要早，是由国立历史博物馆搞的，主持人是金石学家，挖的是钜鹿宋故城，时间在1921年的7月；1923年历史博物馆还发掘了信阳汉墓，当时是东西挖出来就成了，没有墓葬平面图，报告发表在《国立历史博物馆丛刊》第二号上，这可以说是土法上马"(224页)。

2. 区系类型说的形成与发展。俞伟超比较李济、梁思永和苏秉琦在类型学方法上的不同，认为苏秉琦的方法更成功。他说，"苏先生是在野派。考古所继承的主要是中央研究院的传统"（226—227页）。"有的事情很奥妙，地层学是留洋的成功了，类型学则是没留洋的搞成了"（228页）。关于《追求与探索》的写作，俞伟超说，"1983年郑州考古学会上，八位理事在理事会上发言，提议考古学会应讨论理论问题，夏先生不同意。这事给了我不小的刺激，回去后，我花了二十天的时间写出了编后记"（230页）。文章提到"中国学派"，他的最新看法是："谈到考古学的中国学派问题，还有一段具体的历史背景。胡绳在就任中国社会科学院院长后的一次演说中，提出要用马克思主义指导中国的社会科学研究，建立社会科学研究的中国学派。这个提法引起了苏先生极大兴趣和深深的思考。1981年，在中国历史博物馆举办的庆祝建党七十周年的学术报告会上，苏先生正式提出中国学派问题，我们当时也很兴奋。我们曾总结了考古学中国学派的三个特征：马克思主义和毛泽东思想的指导；区系类型理论；再就是中国文化源远流长，中国学派的任务就是要把它搞清楚。核心当然是第二点。后来我到哈佛后，张光直就此与我有争论。他说，区系类型不等于别人不做，而且比我们做得还早。我感觉到，也许我们在摸索的过程中，有些地方发展得比别人完善些，但时空框架问题总体上仍然属于考古学发展过程中上一阶段的东西，第三阶段我们还没有开始，人家现在不讲这个了，我们还在讲。当我的认识有了变化后，我就不再谈中国学派问题。但是，我坚信，中国学派在将来的建立并非完全不可能，中国文化源远流长，自成体系，这个事实，无疑是一个坚实的基础。另外，中国人的思维也有自己的特色，西人善分析，我们善综合，这在中医、西医中可以看得很明白。这世界很复杂，用分析的方法一直分下去也未必就有穷尽，但认识有一个特点，分析到一定程度就需要综合，这是一个着眼点的问题，社会科学尤其需要如此。在这里，可以发挥东方思维的特长，但需要我们进一步努力。"（231页）

3. 考古学的新变化。讨论"新考古学"。俞伟超说，"宾福德将人类的文化——具体地讲是将考古文化划分为技术经济形态、社会组织形态和精神形态三大类，当时我感到十分的惊讶。在中国，试图根据考古材料探讨人类社会组织问题发生得相当早，这功劳应归于马克思主义影响……我曾写了一篇《先秦两汉美术考古材料所见世界观的变化》。我完全是通过自己对考古学材料的归纳、思考得到这个看法的，而万万没想到宾福德在1962年就已经这样说了，而且讲得很具体、很系统"（233页）。他说，"在具体的研究中由具体的物质的材料来探讨文化中较抽象的领域，毕竟不是一件很容易的事。社会发达了，科技进步了，我们有条件运用一些新技术和新手段，但究竟应该怎样正确地认识和使用它们，它们在考古学的总体结构中应处于什么位置，即考古学应该怎样接纳它们？我想到了'中间理论'这个词，并在1991年给你们的译文集（指《当代国外考古学理论与方法》）的序言——《考古学思潮的变化》中提出来，以引起大家的注意，但也万万没有想到这种概念宾福德又早已提出过"（234页）。

案 1983年9月—1984年2月，俞伟超曾访学哈佛，与张光直交流。访美归来的俞伟超与之前的俞伟超判若两人。历博时期的俞伟超对美国的考古学理论有浓厚兴趣，成为考古学新思潮的倡导者和青年考古学家的精神领袖。他很时尚，他很敏感，在他身上，不难窥见时代巨变。[1]

---

[1] 李零《第一推动力——怀念俞伟超老师（摘录）》，收入中国国家博物馆、北京大学考古文博学院编《俞伟超先生纪念文集》怀念卷，北京：文物出版社，2009年，139—152页。

俞伟超评"夏苏异同",重点在两段话,一段是"苏先生是在野派。考古所继承的主要是中央研究院的传统",一段是"有的事情很奥妙,地层学是留洋的成功了,类型学则是没留洋的搞成了"。他和张忠培都强调苏秉琦对考古类型学的贡献。

郑振香说,"苏先生对于古文化的分期,对中国的考古学,他有一个全盘的考虑。这一点他是同夏先生不一样的"。[1]

俞伟超《古史的考古学探索》(北京:文物出版社,2002年)

全书共收44篇论文,其中35篇是1990年以后所作。

作者说:"一个人的学术生涯很有限,从《论集》《什么是考古学》到此《探索》,再加上也是文物出版社出版的《中国古代公社组织的考察》(也许还应该有科学出版社出版的《三门峡漕运遗迹》),记录了我的主要研究生涯。我想做的事还有一些,有些已经有具体的筹划但并未实行,有的还正在工作过程中,但是最大的事则是此书所收第二篇也是最末第二篇完成的文章中所提出的关于考古学前景的一些新的理想。当我写出那些话的时候,我就完全知道在自己短暂的生涯中,无法看到这个理想已经得到实现的境地。但对于一个学科来说,其学术生涯是群体构造的,所以我又深信,国际考古学者的群体力量,必将能追寻到这个理想的体系,并且还要提出更新的研究目的!"(序言,3页)

他说的"此书所收第二篇",即《考古学体系与人类历史进程关系的新思考》。此文再次表达了作者的最新思考。全文分四部分:

1. 19世纪中叶以来西方考古学的发生与发展。讲考古三论(地层学、

---

[1] 郑振香口述,见赵辉主编《记忆——北大考古口述史(一)》,北京:北京大学出版社,2012年,158页。

类型学、文化论）相继成熟，20世纪60年代以来的新思潮。作者认为，考古学理论的变化总是落在哲学理论的变化之后。

2. 20世纪中国考古学研究的历程。讲区系类型、环境考古、水下考古、航空考古。作者的基本估计是"我国考古学的起步比欧洲晚了60年左右，比日本晚了30年左右，但现在如同国际的先进水平相比，差距只有二三十年左右"（29页）。

3. 建设新的考古学体系，是新世纪中国考古学的重大任务。讲三大任务：一是革新野外记录方法和制作考古学的地理信息系统；二是引进遗传基因（DNA）的研究；三是建立一个全新的考古学体系。作者批判旧体系，其实是清算作者过去接受的摩尔根和恩格斯的理论，一是"劳动创造人"说，二是"母权制"论，三是血缘婚和亚血缘婚，四是原始人类"平等"说，并对石器、铜器、铁器与社会形态的对应关系做了新的讨论。

4. 技术、社会形态和思想意识的关系。认为唯物、唯心之争可以休矣，"思想意识的改变，在一定条件下是可以决定历史前进方向的"。

案　　这是俞伟超的最后一部著作，编定于他养病小汤山时期（2001—2002年）。

张忠培《我的考古起点——元君庙墓地发掘的前前后后》（未刊稿）

张忠培的考古起点是1958—1959年北京大学历史系考古教研室黄河水库考古队在华县泉护村和元君庙的发掘。高明是队长，张忠培、杨建芳是实习指导老师。

这两次发掘的发掘报告，《元君庙仰韶墓地》是由张忠培整理编著，

1983年在文物出版社出版;《华县泉护村》也是由张忠培整理编著,2003年由科学出版社出版。这两本报告都是在苏秉琦指导下完成。

《我的考古起点》就是回忆这两次发掘,特别是第二次发掘,以及《元君庙仰韶墓地》从整理、编写到送审、出版历经的种种磨难。

张忠培《走出自己的路》《说出自己的话》《尽到自己的心》(北京:故宫出版社,2018年)

张忠培去世后,故宫出版社给他出了三册一套的文集。

(一)《走出自己的路》

包括31篇文章。前5篇是关于中国考古学的回顾与展望,其中《20世纪后半期中国新石器时代考古学的历程》是一篇长文,长达159页,占这一册的三分之一。其他26篇是纪念文章,除为宿白祝寿的一篇和苏秉琦生前他与俞伟超合写的《探索与追求——〈苏秉琦考古学论述选集〉编后记》,都是悼念已故著名学者。这批学者,考古学家12人,李济、裴文中、梁思永、尹达、苏秉琦、贾兰坡、夏鼐、宿白、邹衡、俞伟超、张光直、徐苹芳;历史学家6人,顾颉刚、吕振羽、白寿彝、费孝通、张政烺、林志纯。这批文章,有6篇是写苏秉琦。

《探索与追求》是俞、张二位大树特树苏秉琦的代表作。作者突出宣扬苏秉琦的类型学研究,一是1948年出版的《斗鸡台》(全称是《斗鸡台沟东区墓葬》)和1941年完成、1948年修订的《瓦鬲的研究》(全称是《山西省宝鸡县斗鸡台发掘所得瓦鬲的研究》),二是1959年出版的《中州路·结语》(全称是《洛阳中州路》),三是1965年发表的《关于仰韶文化的若干问题》,四是1981年发表的《关于考古学文化的区系类型问题》。书中最为敏感,后来引起争论的说法,是以苏秉琦为"中国学派"

的旗帜。

《中国考古学的重要奠基人与中国考古学新时代的开拓者——沉痛悼念恩师苏秉琦教授》，作者称苏秉琦为"奠基人"和"开拓者"，说"这位老人继为考古学奠基之后又创造了一个新时代。中国考古学的未来，得从苏秉琦教授讲起；今后中国考古学的进步，只能在这位巨人止步的地方，向前走去"（334页）。

《苏秉琦与21世纪考古学》，作者两次称苏秉琦为"一代宗师"（335、339页）。

《中国考古学的旗帜与永远屹立着的丰碑——在"苏秉琦百年诞辰暨牛河梁发现30周年纪念大会"上的讲话》，作者称苏秉琦为"旗帜"和"丰碑"，说"当今中国考古学仍处于苏秉琦所开创的时代，我们仍要高举苏秉琦的旗帜，才能将中国考古推向前进，才能超越苏秉琦，走出苏秉琦时代。即使到了那时，这曾经存在的苏秉琦时代，仍永远是屹立在中国考古学史上的一座极为巨大的丰碑"（349页）。

《中国古代文明研究的新阶段——〈中国文明起源新探〉读后》，作者就苏秉琦的最后著作，总结苏氏的主要理论贡献。

《瞭望中国考古学的黄金时代——读〈中国文明起源新探〉》，提到"苏秉琦教授同历史上以及当代作出了伟大贡献的人物那样，生前走过的路曲折、坎坷、艰险，九泉之下也不宁静，直到今年还有人把他的中国考古文化区、系、类型论，诬陷成为德国纳粹利益服务的科辛纳（G. Kossinna）提倡的'文化圈'理论"（361页）。前引苏恺之书已经提到，此说出自安志敏。

（二）《说出自己的话》

包括62篇文章，多属序、跋、后记、书评类，不少是为学生作序。

(三)《尽到自己的心》

包括56篇文章。集中所收文字基本上都是作者担任中国考古学会第五届理事会理事长期间的文章,多属致辞、讲话类。

> **案** 中国考古学会,夏鼐是第一届理事长(1979—1985年),苏秉琦是第二届理事长(1986—1997年),宿白是第三届理事长(1997—1999年),徐苹芳是第四届理事长(1999—2008年),张忠培是第五届理事长(2008—2013年)。

夏鼐去世后,中国考古学界的各方势力,围绕中国考古学会的领导权问题,曾有许多内部斗争。

作者在《前言》中说,"打从秉琦师于1997年离开我们之后,季庚师主管了中国考古学会。从这个时候开始,他便领着我们力反当时中国社会科学院某些负责人违规违法干扰中国考古学会的行为,表现出了要建设好中国考古学会,团结中国考古学人,推进中国考古学和考古文博事业发展的强烈愿望。1999年,他已经77岁,出任了中国考古学会第四届代表大会主席团主席,主持了第四届代表大会,推举徐苹芳担任了中国考古学会理事长,实现了中国考古学会理事会换届选举。至迟在2004年前,宿白先生就开始找我谈话,要我接手徐苹芳兄,出任中国考古学会第五届理事会理事长"。

《旗帜·道路·支撑·创新与持续发展——中国考古学会第五届代表大会暨第十一次年会闭幕词》提出三个问题,"举什么样的旗,走什么样的路,依靠什么为支撑"(2页)。第一个问题,答案是"以苏秉琦的'两论'为旗帜,以苏秉琦、夏鼐、宿白和其他代表性学者的著作为标志"(2页)。第二个问题,答案是"走持续发展之路"(2页)。第三个问题,答案是"必须维护和实践《中华人民共和国文物保护法》""以文物保护为支撑""将中国考古工作纳入到文物保护体制中来"（2—3页）。

《中国考古学六十年的巨大进步——中国考古学会第十二次年会开幕词》讲中国考古学的"里程碑"，夏、苏并说，都是"里程碑"，但重点是讲"中国出了个苏秉琦"。作者有两段话值得注意。

一段话，"今年是一个不同寻常而值得怀念的年份。距今60年，即1949年的10月1日，毛泽东站在天安门城楼上宣告中华人民共和国成立了；距今30年，在夏鼐精心策划和认真筹备下，中国考古学会于西安成立；距今100年，河北高阳诞生了苏秉琦"（29页）。

另一段话，"1959年、1975年和1985年，是中国考古学这60年进步道路上具有里程碑意义的三个年份。1959年，夏鼐以逆潮流而动的大无畏精神发表了考古学文化定名的讲话。1975年和1985年，苏秉琦以夏鼐的考古学文化定名说为前提，无畏艰难险阻，乘风破浪，先后提出了考古学文化区、系、类型论，即考古学文化的文化谱系论及多元一体说，以及文明论，即文明起源、形成和走向秦汉帝国道路的理论"（30页）。

张忠培《永远在路上》（北京：故宫出版社，2020年）

前有单霁翔《怀念张忠培先生》。集中共收27篇文章。

全书第一篇是《考古学视野下的中国国家论纲》。首先讲"国家是什么"，作者有意拿恩格斯的国家学说与毛泽东的国家学说做对比，认为恩格斯强调普选制，毛泽东承袭列宁、斯大林，强调无产阶级专政，谓夺取政权靠两杆子，巩固政权也靠两杆子——枪杆子和笔杆子。其次讲作者"对中国国家历史的研究"，作者把新石器文化分为渔猎—采集型和种植农业型,把文明社会分为牧业型和种植农业型,并把种植农业型的中国文明或中国国家的发展分为五阶段:文明起源时代、神王国时代、王国时代、帝国时代、党国时代。最后,讲恩格斯的民主共和国和国家消亡的思想,结论是"代替国家的将是自由人的联合体"。

全书第六篇《我研究社会制度的历程》就是这个提纲的展开。

案 　　作者在苏秉琦的国家"三部曲"后面加了"党国时代"。作者认为,这是他一辈子研究的主要心得。

张忠培《考古学当前讨论的几个问题》(《中国文物报》1993年10月24日第3版)

作者不同意把考古学分为"传统考古学"和"新考古学",不同意把中国考古学界长期沿用的工作方法,如地层学、类型学和文化谱系研究,贬低为"传统考古学"。

全文分三个问题展开:

(一)关于考古学文化的问题

首先,作者强调,考古学与人类学的文化概念应有所区别,"考古是广义史学中的一个学科,透物见人,研究历史,是考古学区别于狭义史学的主要之处,也是在这点上,和民族学或文化人类学存在着某些原则的区别"。他并不认为"用人类学的文化概念看待考古文化"有什么新意,也不同意把"识别考古学文化的标志说成是'传统考古学'研究的全部内容和终极目的"。他说,"显然,这是把'新考古学'描绘成巨人的时候,先得把'传统考古学'打入小人国"。

（二）"新考古学"到底新在哪里

《考古学新理解论纲》有十论，层位论、形态论、文化论是"老三论"，全息论、艺术论、价值论是"新三论"，环境论、聚落论、计量论、技术论是"中间四论"，介于新、旧之间。作者认为，"老三论"不老，一直在用，很有效；"中间四论"也非刚刚产生，本来就"是包容在'传统考古学'之中的。没有一项对中国考古学的进程，产生过基本性的影响"。他们这样说的目的，"恕我直言，无非是和路易斯·宾福德挂上钩，把中国考古学的过程，说成和美国一样。这就太不考虑中国的实情了。事实上，影响中国考古学基本过程的，既不是宾福德，也不是'新阶段的考古学'，而是夏鼐和苏秉琦"。

（三）走向未来的道路

主要批"新三论"。如称"全息论仍不能全息"，批"考古学也可当作艺术"。

案 此文批俞伟超和俞伟超的追随者，批他们提倡的"新考古学"或"新阶段的考古学"（作者简称"新段"说）。尽管全文既无被批评者之名，也不提被批评之说出自何处，但从有关引述看，主要是针对俞伟超、张爱冰合写的《考古学新理解论纲》。

夏鼐对苏秉琦、俞伟超、张忠培的批评（《夏鼐日记》卷九）

1. 1981年8月4日："上午赴所，遇及苏秉琦同志，他后天去承德避暑山庄休假。他交给我6月间在北大讲演的提纲《类型学的新课题》，阅读一遍，错误甚多。"（59页）

2. 1984年2月19日："（上午）阅新出的《文物》1984年第1期，主要为张忠培、俞伟超的《探索与追求》(《苏秉琦考古学论述选集》的'编后记')。其中有些论据颇有问题,用铅笔注于旁……写信给张忠培同志。"(325页)

3. 1984年2月20日:"上午赴所。王仲殊同志将《回顾与展望》的稿子退还,改了几个字,主张用个人名义不用编辑部名义发表。交安志敏同志审阅,希望他提意见,以便定稿。与他们二人谈及《文物》这一期《探索与追求》一文,他们都有些意见,尤其认为关于考古学'中国学派'一称的提法,很不恰当。"(325—326页)

4. 1984年2月22日:"(上午)与苏秉琦同志谈《文物》第1期的俞伟超、张忠培的稿子,我劝他最好写信表示自己的意见,不要让以误传误。又谈赴成都参加会议事。"(326页)

5. 1984年3月13日:"下午大会,由黄景略同志谈去埃及参观访问情况,谢辰生同志补充埃及保护文物情况;然后由苏秉琦同志作报告,谈如何提高业务水平。这次会议强调田野工作,强调以配合基建和抢救工作为田野工作的重点。而苏公拿出他最近在山东文物局编《文物摘报》第11期(1984年2月15日出版)所发表的《偶议》,要创设'齐鲁考古实验站'。他说,我国的考古工作及考古学发展已进入一个新时代,它的主要标志是:一、已有相当数量的一批比较系统而不是零星的,扎扎实实的而不是草率的田野考古工作、工地和原始资料(萧按:这只是相对而言,'新时代'是质变而不是量变。从量变到质变,什么数量才算是'新时代'呢?)。二、已经初步形成具有中国特色的学科体系(萧按:曾问过这与所谓'中国学派的考古学'是否一回事?所谓'特色'是体系的特色,或仅只内容是中国材料,犹是中国特色的历史,即中国史。他说这是后者)。三、已有一批在建国后新培养成长起来的专家学者(萧按:要有新

探索与追求

俞伟超　张忠培

(一)

在文物出版社许多同志两年多的鼓动和一年多时间的热心工作下,我们的老师苏秉琦先生的考古论述选集,终于编辑成书面和大家见面了。由我国学者自己进行的近代考古学工作,开始于本世纪二十年代,到现在近六十年了。六十年对一个学科的发展来说并不算长,但这段时间对我国的考古学来说,却是从开创到逐步走向成熟的关键时刻。一批创业的前辈为我国考古学的奠基而尽其全力,一些年逾古稀的师长为这个学科的发展至今仍在不懈奋斗。编辑他们的文集,藉以回顾这个学科的历程,并总结考古学基本理论和方法已达到的成就来作为今后工作的起点,是当前许多同行的心愿。

这个学科,犹如黄河、长江,由许多源头汇成。任何个人,也不可能在各个方面都进行工作;但源头总是有的,有主有次。半个世纪以来,苏秉琦先生在考古类型学基本方法的探索、我国考古学文化谱系的研究、考古报告编写方法完善化的谱系、等方面,进行了大量工作,不断抽象概括出规律性的东西,给别人以珍贵启迪,为发展我国考古事业作出了巨大努力。能否认识和处理好这些问题,对我国考古事业的进展远度来说,无疑是至关重要的。显然正是出于这种考虑,近几年来,当我国重新出现一个科学文化事业可望以大发展的局面后,许

多同志一再表示希望苏秉琦先生选编一个文集。

但事出意外。苏秉琦先生多次表示希望大家先把精力集中在编辑一种探索考古学文化区系类型问题的连续性文集上,认为这比出版他个人的文集意义更大。这是多么高瞻远瞩的气度! 历史是人民群众创造的。中国考古学的发展,是由一大批人推进的。六十年来的考古事业的发展,是在不断扩大的队伍中进行,并日益提出愈来愈多的新鲜问题。探索考古学文化的区系类型,正是在积累了大量考古资料的基础上,由苏秉琦先生首先提出来、期待着不止一代的人们把它深化和完成的重大课题。这个心愿,我们这一批学生,完全理解。但是,先选编一本苏秉琦先生的文集,将能使大家更便于理解这个课题是在什么样的方法论基础上,在积累了多少实际材料的条件下和经过了多么长期的多方面探索后必然出现的;并且,使人们从中得到启迪,想想怎样才能更好地发掘、积累和分析考古资料,加快培养人材的速度,提高培养人材的质量,等等。所以,我们就先作行动,拟出下面这个,几乎是强求苏秉琦先生同意编此文集。

苏秉琦先生对我国考古事业的贡献,不已发表的文章所能包括的。但是,在如何编写考古报告、怎样进行考古类型学和考古学文化谱系研究,以及采用什么态度和措施来建设考古工作基地、发展我国考古事业

《探索与追求》

回顾和展望
——《考古》二百期纪念——

夏 鼐

这一期《考古》的出版是它的第二百期,也是它创刊的三十周年。这三十年来,中国历史上发生了天翻地覆的大变化,在各条战线上都取得了丰硕的成果。 我们这刊物也经历了不平凡的三十年,留下了值得我们回顾和留念的历史。

《考古》这刊物的创刊,它的主要推动者是当时中国科学院考古研究所所长郑振铎。1954年4月间,他建议考古所在主编《考古学报》之外,再办一个刊物。这刊物可取名《考古通讯》,要改半通俗性、半学术性的考古学期刊,以应当前和今后的我国考古学发展的需要。当时他兼其任中央文化部社会文化事业管理局局长(解放后新成立的文物局曾于1952年上半年及1953年6月这三年中改名社管局)。考古所和社管局这两个单位密切合作,自1952年起曾合同北京大学联合举办了几届考古工作人员训练班。同年(1952年)北京大学设置了中国第一个考古专业,以培养考古工作的专门人材,考古所也派人去支援教学工作。我们考虑到这些年青的考古工作者们在毕业或毕业以后,在业务上很需要继续提高。并且,解放后这几年全国各地基本建设工程中陆续出土了大量的重要的古物。这一年(1954年)5月,文化部曾在北京主

图一 创刊以来出版的《考古》

《回顾和展望》

我身边的考古学史

人，是必要的，但有新人并不便是新时代，还要新人的学术思想及拿出的成果，是否足以代表一个新时代）。晚间，我在苏公房里，四川文物干部如高文、朱炳章、沈仲常，大学考古专业的张忠培、严文明、方西生、戴彤心等，及地方文物干部张学海、穆舜英、王明哲、韩伟等，都来告别。返室收拾行装。"（334页）

6.《夏鼐日记》1984年4月8日附张忠培1984年4月2日回信："我去成都开会路过北京时，秉琦师已将先生对《探索与追求》一文的意见转告了我，叫我认真考虑，同时还向我谈到他在昆明写《斗鸡台》时，梁思永先生等多次和他交换过意见，并得到帮助。先生，您这严谨认真，实事求是的学风和坦坦心怀，又一次给我留下深刻印象。""……先生向我提出的意见，我目前尚有点不同的认识……但是将考古材料系统地划分为型、亚型和式别的分型分式法，并企图以此表述它们纵横方面的逻辑关系，我觉得还是从《斗鸡台》开始的。同时，他的区、系、类型概念，虽如先生提出的'有些问题的含义不清楚，尚待澄清'，也如先生说的和先前已有的'分区讨论文化'有关，但从其是指对考古学文化作谱系研究来说，我觉得两者显然又存在较大的区别。至于'中国学派'问题，比较复杂，我想请先生以后面示。总之，感到先生的意见应引起我深思。"（340—341页）

7. 1984年4月28日："（上午）赴所，至苏秉琦同志处谈成都会议事，他也以为传闻失实，恐有人借此挑拨是非。"（351页）

8. 1984年4月30日："（下午）至王天木同志处闲谈，他也谈到《文物》今年第1期的俞伟超、张忠培的文章，还拿宋伯胤同志来信给我看。"（352页）

案 俞伟超、张忠培的《探索与追求》发表于《文物》1984年1期，1—9页。[1]夏鼐的《回顾和展望——〈考古〉二百期纪念》发表于《考古》1984年5期，385—387页。前者是挑战，后者是回应。

文中，夏文有一段话："我们从前曾号召要建立马克思主义体系的中国考古学，但是现在仍是不能认为已有这样一个体系。我们今后不能停留于一般的号召，而是要真正运用马列主义解决中国考古学中的理论问题和实际问题。这不是一时便能办到的，但是一定要不断努力。我们要实事求是，要慎重，不要把太不成熟的甚至于错误的东西拿出来充数。"

杜正胜主编《傅斯年汉学讲座1997：考古、文明与历史》（台北："中研院"史语所，1999年）

俞、张之争，引起杜正胜注意。1997年，杜正胜摆擂台，邀请张忠培、俞伟超参加1997年的傅斯年汉学讲座，面对面交锋。但1997年，二人未能成行，两年后才先后赴台，各说各话。此册包括俞、张二位的讲演稿各两篇，而以许倬云和杜正胜的文章附后。

（一）张忠培《中国古代文明的形成》

张忠培的专业是新石器考古。此文论公元前3300—前3200年左右中国考古学文化的格局。先论"家族已具有父权性质，包含在家族内的单偶制家庭具备一定的独立性"，次论"社会分工与分化"，三论"王权和神权的确立，社会已步入文明或国家的时代"，最后讲"社会性质与国家所处发展阶段"。论题类似恩格斯《家庭、私有制和国家的起源》。

---

[1] 张忠培致苏秉琦信（1983年6月23日）和苏秉琦复张忠培信（1983年7月12日）曾提到此稿的写作与定稿，参看刘瑞整理《苏秉琦往来书信集》（北京：社会科学文献出版社，2021年），第二册，28—30页。

（二）俞伟超《考古学中的汉文化问题》

俞伟超的专业是战国秦汉考古。此文是讲汉代考古文化的来龙去脉。此文收入《上古史的考古学探索》。

（三）张忠培《中国考古学的展望》

先讲"考古学的局限性"。这个话题，他经常讲。其次讲"大陆考古学的现状"，讲大陆考古学的五大优点：第一，有夏鼐的"文化定名说"；第二，有苏秉琦的"区系类型说"；第三，有培养人的系统，如北大和吉大，考古队伍大，出版物多；第四，思想活跃，理论多元而又有主流，主流是苏秉琦的"区系类型说"；第五，有潜力。作者说，经历次运动，马克思主义还有两条，一条是"实事求是"，一条是马克思主义只是认识真理的道路，而不是认识真理的终结。最后是"考古学的展望"，也讲五点：一是填补空白；二是"区系类型研究"与"文明研究"并举，"两步并成一步走"；三是开展聚落群研究；四是积极利用当代自然科学与科技成果；五是反教条，既反对中国传统的旧教条，也反新从国外进口的洋教条。作者估计，今后二三十年的大陆考古学是朝"多元而无主流"发展。

（四）俞伟超《二十一世纪中国考古学研究前景的展望》

先讲"国际范围内的考古学的进程"。他讲世界考古学史，通常都是讲三段，最后把中国考古学定位为第二段，正往第三段走。这里分两段。1859年到"二战"，建地层学、类型学和考古文化谱系是一段，相当他常讲的第二段。二次大战后，过程考古学和后过程考古学是一段，相当他常讲的第三段。其次讲"中国考古学研究的大致过程"，一是安特生，二是李济，三是梁思永，四是苏秉琦，没提夏鼐。最后是"在新世纪中'中国考古学'应该追求的目标"（注意："中国考古学"加了引号），讲四点：

一是在野外考古中，大量引进GIS系统，建立中国化的"考古学的地理信息系统"；二是"引进遗传基因研究，建立古代基因实验室，最终解决古文化与人类族群的关系问题"；三是"实现考古学与史学、人类学的重新合一"；四是"实现更广泛的国际合作，建立全人类的文化关系"。

（五）许倬云《傅先生的史学观念及其渊源》

作者说，傅斯年的史学观念受清代朴学和德国史学影响，重史料，重考据，重国家意志和民族情感。抗战军兴，他曾劝吴文藻、费孝通少讲"民族""边疆"，提倡"中华民族只有一个"，这有当时的历史背景。

（六）杜正胜《新史学与中国考古学的发展》

其意并非调停俞、张，重点是把中国考古学的发展归宗于史语所的传统和傅斯年的"新史学之路"。全文分六个小节：

1. 现阶段中国考古学面临的问题。作者把问题归结为历史学取向还是人类学取向。他对"新考古学"之"新"有这样的评价，"西方学术传统重视创新，但往往喜欢把过去的'旧'推到极端，强调与自己的差异以增显自己的特点"。其实，新考古学和后新考古学的很多说法，柴尔德早就提出。美国没有历史文献，只有民族志，美国考古跟欧洲、中东和亚洲的考古没法比，其人类学取向是出于不得已。作者主张，资料不同，有不同的考古学。俞、张二位因"新考古学"起争论，使年轻人困惑。他说，"作为一个中国考古学者，面对这种分歧的学风的确两难，是要继续当一个具有'历史癖'的考古家呢，[1]还是断然易帜，投奔人类学阵营，或

---

[1] 我曾把罗泰的大作"On the Historiographical Orientation of Chinese Archaeology"，揣摩语气，故意译为《中国考古学的历史癖》，见拙作《说考古"围城"》，《读书》1996年12期，3—10页。

是寻找独立自主的第三条道路"。他说,"即使睥睨Binford'教主'的人"如张光直,"也难免走Binford的老路,把历史学当作'旧',西方传来的考古学当作'新',而号召中国考古学脱离'传统史学'的窠臼,投入人类学的阵营"。他对张光直也有所批评。

2. 中国考古学基调的形成。作者指出,"不论新考古学家怎样把考古学拉进人类学的圈子,总不能不承认考古学和人类学有一个很大的差别,即在于它的'古'字。考古学的资料是过去的遗存遗物,不像人类学绝大部分取材于当今之世"。相反,"在新史学风气下成长的中国考古学,其基调是历史重建"。作者提到,李济挖西阴村,本来是去寻找夏墟,徐旭生的豫西调查也是为了寻找夏墟。他说,"从王国维、李济、傅斯年到徐旭生,不论涉及考古领域深浅,都有以考古学解决历史问题的倾向。新考古学家或许要归咎于中国人无可救药的'历史癖'吧?然而在中国土地上,尤其黄河中下游地区,一个铲子下去,非经宋唐汉周各层无法达到新考古学所赖以建立理论的史前阶段,硬叫中国考古家不理会历史问题也难"。不仅李济、夏鼐、苏秉琦"都把考古学当作历史学看待",即使在美国参与过新考古学革命的张光直,他的《古代中国考古学》不也是一部上古史吗?即使在中国提倡新考古学的俞伟超,他的研究不也是历史著作吗?

3. 以科学工具重建历史的考古学。作者说,新考古学强调生态学、民族学,傅斯年和李济也同样强调,如傅斯年的新史学就是"以自然科学为师",他想把考古学建设得如生物学和地质学一样精确。李济讲古史重建靠七类材料,七类材料中就有生态学和民族学。他讲田野考古方法,特别重视地质调查所的贡献。

4. 重建过程中对外来思潮的回应。作者说,"当史语所创立之时,欧美考古学流行的思潮是文化历史考古学（culture-history archaeology），目的在重建过去的生活，对于文化来源和发展的解释，采取一八八〇年代以后的传播论，而不是更早流行的进化论"，中国成为二说争论的焦点，"如果本世纪二三十年代的传播论以人类文明出于西亚是谬误的，那么强调文化的自发性，中国学者既排斥西来说于前，却宣扬中原文化一元中心论于后，遥远的周边接受中原文化，在逻辑上显然是矛盾的"。1960年代和1970年代的"大龙山文化"说就是典型的中国传播论。1980年代，苏秉琦提出"区系类型"理论，折中多元和一体，"境内传播论才寝息"，但他仍然没能讲清整个亚洲的"区系类型"，"现有的理论架构仍达不到李济的视野——以欧亚大陆作为中国考古学的基盘"。

5. 中国考古学的前景。作者说，"参照最近二十年西方考古学思潮，未来中国考古学的发展似宜研究傅斯年、李济以下的传统，抱着兼容并蓄的态度，收集各种可能的资料，运用各种可能的工具和方法以建立中国考古学的内容。原则上活用傅斯年的方法论，发扬李济的考古学，但辅以台湾过去三四十年新史学的发展经验，追求整体性和有机性"。1949年后的中国考古学家，他对苏秉琦比较重视。他说，柴尔德有"两次革命"说，"几乎成为史前史或史前考古学的通则，但在李济考古学中却看不到类似的痕迹。中国考古学此一空白是由马克思主义的历史阶段论填补，但因为太僵化，故不能令人满意"。"八〇年代以后中国考古学理论的主要引导人苏秉琦基本上继承李济而有所改善。"因现实政治干扰，他曾经走过一段弯路，"但到八〇年代中期以后，他把属于方法学的区系类型理论和课题取向的古文化古城古国结合起来，中国考古学的新时期才算诞生"，"于是超越李济的藩篱，而对西方考古学的大理论提出一些回应"。他说，苏秉琦提出的"古国、方国、帝国的国家三部曲，与我的古史研究架构不谋而合",可称"三次革命"。张光直的萨满说,他也有所评论。他说,"萨满或巫只是礼的一部分,但为能够与世界主流学术对话,遂取'巫'而舍'礼',除非我们能证明巫文化是古礼的核心或底层,否则回应式的研究恐怕还是未善用中国资料以建立一般原则吧"。

6.结语。中国大陆,考古资料丰富,考古学家有"中国考古学的黄金时代"说和"中国学派"说,作者不以为然。他说,"资料不等于学术"。1949年以后的中国考古学,"对域外,实行绝对的'本土'起源论;对域内,则盛行传播论"。最后用两段话作结,一段是"只用中国资料,不足以称中国学派,可能也成功不了中国学派",一段是"即使有特殊适用中国资料的方法,也还不能算是中国学派。所谓'中国学派'绝对不能只有一派"。

案 俞、张之争,杜更倾向张。我听俞伟超讲过,他很生气。

小 结

1981年,苏秉琦说,"在国际范围的考古学研究中,一个具有自己特色的中国学派,开始出现了"。

1984年,俞、张共同起草的《探索与追求》发表。他们认为,他们的老师就是这个"中国学派"的代表性人物。文章遭夏鼐批评。

这个"中国学派",据他们解释,有三大特点:

"第一是以马克思列宁主义、毛泽东思想为指导,从考古材料出发,运用考古学的手段,仔细观察与分析考古现象所呈现出的矛盾,具体地研究中国境内各考古文化所反映的包括生产力和生产关系、经济基础和上层建筑这些内容的社会面貌及其发展阶段性。"这是"指导思想"。

"第二是在科学发掘基础上，运用由我国学者所发展了的考古类型学方法，分区、分系、分类型地研究各考古学文化发展过程，通过考察我国考古文化的谱系来研究中国这一以汉族为主体的多民族国家的形成和发展过程，研究这一总过程中各考古学文化的相互关系及其发展的不平衡性。"这是讲"方法论"。

"第三是这种研究是以揭示历史本身面貌作为自己的唯一目的，对促进人民群众形成唯物主义历史观，激发他们的爱国主义、国际主义和民族团结思想感情有着重要的作用。"这是讲"目的性"。

这三条，"考古文化"是研究对象，"考古类型学"是研究方法。"分区、分系、分类型"是指"考古文化的谱系"，即苏秉琦的区系类型说。

他们都认为，苏秉琦的最大贡献是区系类型说。但两人的看法仍有不同。

张认为，夏讲文化定名，苏讲区系类型，前后呼应，各有千秋。他是树两杆大旗，只不过把苏摆在更重要的位置。俞则独尊苏公，绝口不提夏对考古理论有什么贡献。他对"中国学派"的看法，后来也有变化。他认为，中国考古还在世界考古发展的"第二阶段"，尚未赶上世界考古的"第三次浪潮"。

夏鼐去世后，在考古国际化的问题上，两位的看法也不同，甚至有激烈斗争。俞伟超是个追逐时尚、锐意求新的人。他调历博后，特别重视国外考古学理论和科技考古新技术的引进，如历博的"海陆空"考古（传统的田野考古加水下考古、航空考古）就是在他的领导和关怀下建立。而张则激烈反对俞把中国考古学定位为"第二阶段"的考古，反对他用"新考古学"贬低"传统考古学"。认为"传统考古学"的"老三论"仍然是考古学最基础也最行之有效的东西。

张光直调停俞、张之争，主要靠梳理"新考古学"的来龙去脉，说明考古理论在国外是多元化探讨，并非"黑白定于一尊"，优点在百家争鸣，缺点在拉帮结派，希望有助于中外沟通。他是中国考古国际化的主要推手。虽然他也说过，"考古学不是人类学"，[1]但在中国考古向何处去的问题上，还是为中国考古的"历史学取向"抱恨不已。他对中国考古学在世界考古学史上的定位，与俞相近。

杜正胜对俞、张之争持另一种看法。他视"新考古学"为"洋教条"，认为中国学者不必盲从迷信。俞、张之争，他更倾向张，而不是俞。他把大陆考古说成史语所的余绪，认为两者同出傅斯年的"新史学之路"，同属"历史学取向"，而不是"人类学取向"。"历史学取向"更符合中国特点，大家还是应走"新史学之路"。

---

[1] 张光直《考古学：关于其若干基本概念和理论的再思考》，曹兵武译，沈阳：辽宁教育出版社，2002年，81页。

VI

读其书如见其人

夏 鼐

读《夏鼐日记》，我印象最深，一是他读书多，往来多学界高人；二是重乡谊和同学关系，定居北京后，温州的亲戚朋友，经常来家串门，"桑梓之思，常萦心中"；[1] 三是所务繁忙，开会多(所会、院会、国家的会)，兼职多，应酬多，出国访问多，难得清闲；四是长期受十二指肠溃疡折磨，太太(李秀君)和幼子(夏正炎)也多病，经常跑医院。

夏先生的病是什么病？有人以为是干考古落下的职业病，[2] 其实不然。他长期患病，一直以为自己得的是胃病，后在北京医院治疗，始确诊为十二指肠溃疡。见《夏鼐日记》1953年5月23日(卷五，23页)。这个病拖了十年。1963年3月6日，终于拖不下去，突发急症，溃疡合并胃穿孔，送北京医院，不得不动手术。手术很成功，令他兴奋不已，尝作《断肠词》，到处送人。3月27日—4月13日，一度精神失控，先送安定医院治疗，后到小汤山疗养。当年，他在日记末总结："今年是不幸的一年，为了养病，消磨去大半年的时光，但也是转折点的一年，动手术后，十年痼病，一旦消除，可以万里旅行，东瀛观光，亦一快事也。"(卷六，427页) 其实，这个病并非"十年痼病"，而是三十多年的老病，早在燕京大学读书时就已落下，日记频繁提到。他喜欢下馆子，但每次回来都呕吐不止。如《夏鼐日记》1931年3月1日"因今天胃病又发，很不舒服，不能多看书"，3月9日"这几天胃病又发了，精神颓废，连看书也没有好心情了"(卷一，33—34、35页)。可见，起码从1931年到1963年，他一直饱受折磨。这一年，老病根除，对他太重要，不然再过几年，恐怕扛不住批斗和下干校。

---

[1] 《夏鼐日记》1958年1月1日(卷五，345页)。
[2] 徐苹芳以为"'文化大革命'前，夏先生患胃溃疡，身体不好，这是从事田野考古工作的职业病"，见氏著《我所知道的夏先生》，收入中国社会科学院考古研究所编《夏鼐先生纪念文集——纪念夏鼐先生诞辰一百周年》，北京：科学出版社，2009年，104—110页。

还有一件事,很有时代特征。《夏鼐日记》记人名,解放前,例称"某某君"或"某某先生",解放后变了,旧人多称"某某君"或"某某先生",新人多称"某某同志"。1949—1953年,两者混用,再往后,"同志"越来越多,最后干脆一律称"同志",每名必加,不厌其烦。"同志"一称,今已式微,除了党内和老人,很少有人用。1991年,苏联解体,来自英语的"先生"(Мистер)大行,跟我们这儿一样。不料,现在的俄国,"同志"(Товарищ)又火了,不光军中战友互称,同事也这么叫,听上去,平等、亲切,反而古风犹存。

日记所见"同志",哪些人出现最多?我从索引粗算了一下。考古所,除王仲殊、安志敏,他的"左膀右臂",苏秉琦出现最多,其次石兴邦、王世民,其次颜訚、徐苹芳。历史所,尹达出现最多,其次胡厚宣,其次张政烺。双古所,裴文中出现最多,其次贾兰坡。文物局,王振铎出现最多,其次郑振铎,其次王冶秋。北京大学,除苏秉琦兼职,向达出现最多,宿白其次。温州同乡,夏承焘(夏瞿禅)是老前辈,他常探望;王明(王则诚)是温州十中同学,在温籍同学中出现最多,其次王栻(王抱冲)、王祥第。[1] 王明是考古所最早的学术秘书,1957年调走,在考古所老人中,出现频率仅次于王仲殊、安志敏(调离前更超过这两位)。燕大同学,瞿同祖最重要。清华同学,吴晗最重要。留英同学,曾昭燏、吴金鼎最重要。[2]

---

[1] 王栻(王抱冲,1912—1983年),夏鼐在光华附中和清华大学时期的同学,南京大学历史系教授,治中国近代史。王祥第,夏鼐在清华大学时期的同学,曾在温州教中学,1957年被打成右派,开除公职,长期受夏鼐照顾、接济。1963年请敦煌文物研究所帮王祥第安排工作(未果)。1964年安排王祥第翻译柴尔德的《进步与考古学》,负责校阅。1978—1979年安排王祥第协助夏鼐抄录整理《真腊风土记》。
[2] 胡厚宣、张政烺、王振铎、向达、王明都是史语所老人。1957年以前,王明曾任考古所所务秘书,后调哲学所。夏鼐曾想调裴文中、王振铎进考古所。

1962年，夏鼐从大佛寺西街（今美术馆后街）泰安巷1号搬到干面胡同15号，[1]跟王明、颜阎、胡厚宣等老熟人住一块儿。杨一之、钱锺书也是邻居。夏鼐夫妇和杨一之夫妇几乎每年都相互拜年。杨一之先生，我去过他家，聊过天，吃过他亲手炒的菜。

1977—1983年，我在考古所七年。我进考古所，是夏先生点的头，离开，也是他点的头。一来一去，我都得感谢他。

我到考古所求职真跟做梦一样。1977年1月下旬，刘仰峤同志把我写的《对〈银雀山汉墓竹简〉（壹）〈孙子兵法〉上编整理工作的几点意见》交给夏先生。考古所学术秘书室转给文物出版社。4月8日，文物出版社银雀山竹简整理小组请考古所把一封感谢信和简本《孙子兵法》普及本一册转给我。我到考古所拜见夏先生。夏先生问我，两个选择，你愿意到甲骨组（《小屯南地甲骨》整理组）那边帮忙，还是到资料室参加《金文合集》（后来叫《殷周金文集成》）的准备工作。我说到后者吧。他让王世民先生考我。王先生问我，你都读过什么书呀，我说读过郭沫若关于甲骨金文的哪些哪些书。后来考古所通知我来上班。后来我就每天往来于中关村和美术馆之间，路上至少要花一小时。

夏鼐留学英国是学埃及考古，深知铭刻学（epigraphy）对考古研究有多重要。[2]他讲得很清楚，铭刻学并不等于语言学家所谓的古文字学。[3]他是把铭刻学当考古学的一部分，定义为"特殊考古学"。[4]

---

[1]《夏鼐日记》1962年8月19日（卷六，273—274页）。
[2] 王世民《夏鼐传稿》，北京：社会科学文献出版社，2020年，242—245页。案：245页提到夏先生对我和赵超的关怀。
[3] 夏鼐《〈殷周金文集成〉前言》，收入《夏鼐文集》第二册（北京：社会科学文献出版社，2017年），260—267页。
[4] 夏鼐《考古学》，见《夏鼐文集》，第一册，278—281页。

他说，考古学的前身是金石学。考古所，从建所之初就很重视铭刻学的建设。当时的设想是，考古所的任务主要在"提高田野考古工作的质量"，重在"创新"，但同时也不忘"推陈"，"对于我国有悠久历史的金石学，尤其是其中的优良传统，也应该加以吸取和发展，使之成为系统化的古器物学，而后者可以作为现代中国考古学的一个组成部分"。[1]

如何在考古所发展铭刻学，他有通盘考虑。他说，"最初曾聘请徐森玉老前辈兼任《历代石刻图录》的主编，并为他配备了两位专职的助手。[2]后来又调来甲骨金文专家陈梦家，请他在研究工作之外，替所里筹划《甲骨文集成》和《殷周金文集成》的编纂计划，并曾开始进行拓片的搜集和整理工作"。[3]

他对甲骨、金文、简牍、石刻都很重视。

甲骨，1959年，《甲骨文合集》的项目归了历史所。我到所时，小屯南地甲骨有个临时整理组。考古所主要研究自己发掘的甲骨，后来又有花园庄东地的甲骨。

金文，陈梦家去世后，夏先生一直想重启这个项目。他把这个任务交给王世民。我来所正好赶上这事，最初只有我和曹淑琴、刘新光。后来才有刘雨、张亚初。陈公柔是1979年解放后恢复工作。我在考古所七年（包括读研三年），绝大多数时间都在为《殷周金文集成》打工：到各大博物馆拓铜器、对著录、整理拓片。那段时间，夏先生请李学勤给我们当顾问，并考虑把他调过来。但后来，因为各种复杂原因，李学勤不再来所。[4]

---

[1] 夏鼐《〈殷周金文集成〉前言》。
[2] 承王世民先生告，这两个助手，一位是邵友诚(邵茗生)，一位是张明善。
[3] 夏鼐《〈殷周金文集成〉前言》。
[4] 王世民《回忆与陈、张二先生相处的日子及关联事》(未刊稿)。

简牍，他请所里的徐苹芳、陈公柔整理，主要整理居延汉简和陈梦家遗著。

石刻，1956年，夏先生请上海徐森玉主其事。[1]森老是文图博系统的大佬，著名金石学家。[2]但1960年，森老以年事过高请辞，[3]这个项目就搁下来了。再次重启，是1978年夏先生请孙贯文为考古所带赵超读研究生（详下）。

我们这一届，熊存瑞是夏先生的学生，外语非常好，考分最高，最适合做中西交通方面的研究，但被各种流言蜚语包围。

过去，所里有一种传言，说熊存瑞外语好，中文差，夏先生看不上熊存瑞，对熊存瑞不管不问，交卢兆荫带，但我读《夏鼐日记》，印象却不是这样。它多次提到夏先生指导熊存瑞写论文，非常耐心，非常细心。[4]我参加过熊存瑞的答辩，答辩委员，除夏先生，有卢兆荫、马得志、徐苹芳等人。熊存瑞准予毕业，不授学位，不知为什么。王世民先生说，夏先生对自己的学生要求很严。而最有意思的是，徐光冀先生说，夏先生填表，学生一项，他只填熊存瑞。1984年10月6日，熊存瑞离京去美国，夏先生跟他一直有联系。后来，熊存瑞获澳大利亚国立大学博士，

---

[1] 最初商谈此事，见《夏鼐日记》1956年6月8、13日（卷五，228—229页）。1956年8月10日、1958年2月13日，森老来京，夏鼐也与之商谈（卷五，244、352—353页）。1958年6月13日，夏鼐"写信并寄钱给森老，希望他早些北上商谈历代石刻编纂事"（卷五，377页），6月22日，森老来京，夏鼐与之谈编辑计划（卷五，378页）。

[2] 徐森玉，名鸿宝，以字行。上海博物馆的老馆长。《中国大百科全书》文物·博物馆卷，现代人物只收五位：郭沫若、郑振铎、王冶秋、夏鼐、徐鸿宝，他是其中之一。

[3] 《夏鼐日记》1960年3月31日："后访徐森老，说对于《历代石刻图录》一书，已决定放弃，年已八十，视力已不清楚，记忆衰退，不肯再担任此工作。劝之继续领导此工作，未能生效。"（卷六，90页）

[4] 如1979年12月4日（卷八，361页）、1980年9月16日（卷八，465页）、1981年3月12日，9月6、18日、10月19、26日（卷九，14—15、70—71、79、81页）和1982年3月31日，5月30日，6月3、24日（卷九，121、138、139、146页）。

成为美国西密歇根大学教授。

关于夏先生带熊存瑞事，我曾问过我的老同学。2020年6月11日熊存瑞来信，回答了我心存已久的问题。他这样说："好久不见。一切都好吧？念硕士时，与夏先生见面的机会并不多；但夏先生对我的论文还是认真看过的，并提出很多修改意见。卢先生编辑过李静训墓的报告，但对金银器本身没有太多研究，国外文献也不太熟。有些文献，如瑞典俞伯的书和文章、张星烺中西交通一书、马尔沙克关于中亚银器的书，都是夏先生推荐或提供的。故此，关于夏先生对我不管不顾之说，纯属误传，但并无恶意。夏先生在我读硕士后期，曾提出与我经常见面的要求，后因为忙，未能兑现。85年先生来DC参加受奖仪式，我曾去旅馆探望。夏先生回京后就故去了。我想夏先生带学生的方法，或许受英国人影响，即对学生研究、论文尽量少加干涉，这与美式的方法很不一样。但是，夏先生在训练我的问题上，还是做到尽力而为了。"

夏先生的办公室在小院北屋，我们的办公室，即资料室，在小院南边那一排（我离开考古所后，这排房子拆了，盖了小白楼），门对门。我经常在院子里看到他，但很少说话。偶尔向他请教，他很严肃，但没有架子。年终汇报或其他什么会，也能见到他，他口音重，声音小，因为离得远，什么也听不清。

我住西郊，夏先生偶尔会派我送信给住在西郊的先生。我还记得到民族学院给耿世民先生送信，到中关园给阎文儒先生送信。

1979年，我跟李学勤先生合写的《平山三器与中山国史的若干问题》在《考古学报》发表，钟老钟凤年读过，突然对我感兴趣，写信给夏先生，约我去他家。夏先生让我带他的信去拜见钟老。我记得，信的抬头是"凤年先生史席"。

我去看钟老。他坐在一把椅子上，身上盖着棉被，人已不能走动，说话也不行，只能用笔交谈。我从他的字迹辨认，原来他想把他的未竟之业托付给我(并不问我是否同意)，还把他画的地图送给我。后来，我请假回家，准备考研究生，等我回所，接钟老信，说有信给我，何故不回信，大光其火，叫我把地图还给他。其实我根本不在，当然接不着他的信。我不知如何是好，赶紧请示夏先生。夏先生说，算了，不必回信。

现在，我从网上查了一下，钟老是1888年生人，跟徐老徐旭生同岁，我跟他见面那阵儿，他已91岁，他是1988年才去世，100岁，不但比考古所"三老"谁都活得长，就连比他小22岁的夏先生都走在了他的前面。

这次读《夏鼐日记》，我查书后索引，没我，但1979年9月21日提到"下午在办公室接见新考取的研究生四人，另有一人请假未来。谈一会儿后，与孙贯文同志谈工作问题"(卷八，343页)。谈什么，没印象。我只记得，同学初次见面，赵超买了一箱啤酒，我带同学参观书库，被人检举。我是所内工作人员，按规定，只有我可以进，他们不能进。

其实，书中还是提到过我。一次是1982年10月3日"(上午)王世民同志来谈李零同志工作事，留之午饭"(卷九，172页)，一次是1982年11月16日"晚间傅懋勣同志偕其女来，为他女婿李零同志的事也"(卷九，190页)。那是跟我决心离开有关。

我离开考古所，想法很简单，古书上的老话，不说了。

走，颇费周折。最后，王廷芳副所长来我们办公室说，你在这儿等着啊，我要请示夏所长，夏所长让你留你就得留，夏所长让你走你才能走。最后，他到北屋商量一番，返回，跟我说，你可以走啦，但你要记住，考古所是你的娘家，以后得常回来跑呀。

那天我跟我儿子说，走，咱们到"悦宾"搓一顿。

案 夏门弟子，除熊存瑞，还有石兴邦(1923年生)、黄展岳(1926—2019年)、卢兆荫(1927年生)、乌恩岳斯图(1937—2008年)。

石兴邦是1949年考入浙江大学人类学系的硕士生，初从吴定良学体质人类学，后从夏鼐学考古学，1950年随导师夏鼐北上，到中科院考古所工作，学业未满。石兴邦是考古所最初几次发掘的参加者，以发掘半坡遗址而出名，长期从事新石器考古研究。1961年调陕西省考古所任副所长。[1] 1976年调回中科院考古所。1984年再调回陕西省考古所任所长。

黄展岳和卢兆荫是夏鼐在中科院考古所的副博士研究生。黄展岳是1956年考取，卢兆荫是1957年考取，不久"反右"运动起。1958年，科学院取消副博士制度。二位是考古所编辑室的正、副主任，长期从事汉唐考古研究。黄展岳主持过王莽九庙遗址和西汉南越王墓的发掘，卢兆荫主持过满城汉墓的发掘。

乌恩岳斯图是1962—1966年夏鼐招收的研究生，蒙古族，曾任考古所科研组织处处长和副所长，长期从事北方草原地区的考古研究。他好像没怎么提到他们的师生关系。夏先生诞辰100周年，他也没写文章。

夏先生诞辰100周年，黄展岳回忆，1957年副博士研究生"名存实亡"，他曾向夏先生提出解除副博士研究生名义，恢复原有工资。夏鼐对他说："我不主张在室内读研究生。研究所其实就是搞研究的。考古研究

---

[1] 1961年，中科院考古所为协调地方关系，曾调石兴邦兼任陕西省考古所副所长，而由陕西省考古所所长武伯纶兼任中科院考古所西安研究室主任。石兴邦回忆，他调陕西后，"我已经是陕西这边的人了"，为划分工作范围与夏鼐起争执，他认为，中科院考古所既做沣镐(考古所做沣西，陕西所做沣东)，就别再插手周原，夏鼐不同意，石不得不让步，最后两所以沟东、沟西划界。见石兴邦口述、关中牛编著《叩访远古的村庄》，西安：陕西师范大学出版社，2013年，157—158页。

主要在田野，你还是照常去田野工作，差的只是工资被打折。"[1]2011年，黄展岳接受北大考古文博学院采访，他也提起这件事。他说，"黄河水库弄完以后，就是1958年洛阳整风，说我走白专道路，个人主义考副博士研究生，其实研究生也有名无实，太冤枉了"，"光扣工资，其他的什么享受也没有。我在纪念夏先生100周年的论文集里就写了，除了扣工资保存以外，其他的一概没有。我去问所长、问书记，提出我研究生不当了，还算考古所的职工，给我恢复工作。书记说，'谁让你考研究生！'研究生成了犯罪了，白白被扣三年工资。扣完了也不宣布，不了了之，好像不存在有这回事。现在仍气愤难消，终生难忘，这里不再说了"。[2]

夏先生好像并不怎么看重带学生。

徐苹芳曾提到，"夏先生反对中国社会科学院成立研究生院，他认为社科院是以研究为主的，而研究生院却是以教学为主的，两者目的不同，社科院不能办学"。胡乔木请他当社科院研究生院的院长，他不当。[3]1981年，北大准备成立考古系，请夏鼐出任主任，他也婉谢。[4]他更看重考古所的发展，国家考古事业的发展，而不是自己有几个学生。

1984年2月19日，夏鼐读完《探索与追求》，马上给张忠培写信，对张提出批评。4月2日，张忠培给夏鼐写信，进行解释。

张忠培回忆，夏鼐给他的信中说："不必再称'师'了，我是'但开风气不为师'。"夏鼐跟如今的研究生导师不同。他本人学无常师，并不怎

---

[1] 黄展岳《难忘的往事——纪念夏鼐先生诞生一百周年》，收入《夏鼐先生纪念文集》，132—137页。
[2] 黄展岳口述，见赵辉主编《记忆——北大考古口述史（一）》，北京：北京大学出版社，2012年，56页。
[3] 徐苹芳《我所知道的夏鼐先生》，收入《夏鼐先生纪念文集》，104—110页。温济泽曾请夏鼐补报博士生导师，他说他不想承担，见《夏鼐日记》1981年7月27日（卷九，56页）。
[4] 他婉谢后，所里、局里的领导都劝他接受，他表示，要他接受，除非"约法三章"：第一，当两三年就退；第二，每月只去一次；第三，不管事，不开会，外加不收报酬。见《夏鼐日记》1981年3月20、22日（卷九，16—18页）。

么看重师门，当然更不会以学生为私属，靠"子弟兵"来张大师门，像如今的风气，"学生靠老师出名，老师靠学生出名"。[1]

苏秉琦

我跟苏先生一点都不熟，几乎没说过话。我对老前辈，心存敬畏，不光敬，而且畏，躲得远远的，很少往跟前儿凑。[2]

《苏秉琦文集》三大本，我是最近才读，梅村送的，少了一本，我让繁之从网上帮我买了一本。

1977年，我刚到考古所那阵儿，非常无知。有一回，所里通知我，咱们所全都去过毛主席纪念堂了，就你跟苏公两人没去，到时候，乌恩同志陪你们去。这是我头一回与苏先生近距离接触。我们在广场等了很久，苏先生一句话没说，我也什么都没问。没问是不知问什么。回来后，我问所里的老同志，这位苏先生，他是干什么的，我是说，他研究什么。他们说，这你都不知道，他什么都懂。于是我问了个傻问题，他懂古文字吗？登时报以白眼——你真是有眼不识泰山。后来我才知道，考古学是大学问，古文字只是小道。小道可观，致远恐泥。我算崴泥里头啦。

还有一次，我印象最深是78、79级研究生答辩。

78级答辩，金则恭、黄其煦是安志敏的学生，马洪路、吴耀利、王仁湘是石兴邦的学生，靳枫毅是佟柱臣的学生，清一色全是学新石器考古。他们，有仨人没通过（"正史"记载是两人）。黄其煦研究新石

---

[1] 张忠培《学习夏鼐先生，继续拓展中国考古学之路——在夏鼐先生诞辰百年座谈会上的发言》，收入氏著《走出自己的路》，北京：故宫出版社，2018年，380—386页。
[2] 最近读到俞伟超致苏秉琦信（1980年5月19日），信中提到我给两位先生跑腿，传递材料，这事我已毫无印象。参看刘瑞整理的《苏秉琦往来书信集》（北京：社会科学文献出版社，2021年）第二册，284—285页。

苏秉琦（1909—1997年）

器时代的农作物，很前卫，外语也极好。苏先生说，这不是考古学的题目，不让过。后来，他去了历博，去了德国，美国是终点站。他们六位，只有吴耀利、王仁湘还留在所里，其他人都走了。马洪路、吴耀利已经去世。

79级答辩，陈平和我是张政烺的学生，学殷周铜器；赵超是孙贯文的学生，学古代石刻；熊存瑞是夏鼐的学生，学唐代金银器；安家瑶是宿白的学生，学中国早期玻璃器。查《夏鼐日记》1982年7月7日，"张政烺同志来所参加研究生答辩委员会"，应即参加我和陈平的答辩。[1] 安家

---

[1] 答辩委员是张政烺、陈公柔、张长寿、王世民、高明、俞伟超。张政烺是导师，王世民、张长寿、陈公柔是所内指导老师。

我身边的考古学史

瑶答辩是7月14日，熊存瑞答辩是7月15日，赵超答辩无记载，当在此前后。我问赵超，他说记不清了。

我们这一届，重点是商周汉唐。[1]我、陈平、赵超是铭刻学方向。

我和陈平是为《殷周金文集成》培养人。导师是张政烺先生。夏先生很重视这个研究方向。1979年1月5日，他和王世民先生曾亲自登门请唐兰先生为考古所带学生；1月9日又亲自登门请故宫的吴仲超院长批准。[2]12日，唐先生去世，才改请张政烺先生，并请张先生补唐先生的缺，任考古所学术委员。[3]历史所，张政烺与李学勤合带古文字研究生。他俩的课，我们都得听。所内还有三位指导老师：王世民、张长寿、陈公柔。赵超是为《历代石刻图录》培养人，导师是孙贯文。我们的培养目标本来很明确，但老师斗法，学生遭殃。

结果是，我们五个，或早或晚，兄弟四人全都离开了考古所。赵超去了文物局古文献研究室，我去了社科院农经所，陈平去了北京市文物考古研究所，熊存瑞去了美国。赵超是徐苹芳当所长时，为了石刻项目，才调回所里。

说起赵超，我会想起孙贯文先生。《历代石刻图录》，夏先生一直准备重启，他请了孙贯文先生。此事在《夏鼐日记》中有明确记载。

1978年10月6日："下午孙贯文同志来谈，拟请他担任我所特约研究员，主持历代石刻整理事。徐苹芳、王世民同志一起，大家商谈整理工

---

[1] 《夏鼐日记》1978年12月7日："下午开所务会议，接着座谈明年研究生招生，拟明年招收殷周二名、汉唐三名。"（卷八，257页）

[2] 《夏鼐日记》1979年1月5日和9日（卷八，266、267页）。

[3] 1979年考古所设学术委员会，共13人，所内9人，所外4人。所外最初拟请裴文中、尹达、唐兰、宿白，因唐兰去世，由张政烺替补。张政烺既是学术委员，也是研究生导师。见《夏鼐日记》1979年1月11、20日和3月12、14日（卷八，267、270、280、281页）。

作及闲谈石刻事。"(卷八，245页)

1978年10月20日："上午孙贯文同志来谈。"(卷八，248页)

1979年1月30日："上午孙贯文同志来谈，谈了1小时余。"(卷八，272页)

1979年3月14日："上午所中召开学术委员会成立会，并开第一次会议……又通过孙贯文同志为特约研究员。"(卷八，281页)

赵超是为这个项目招进来的。

孙先生是辛亥革命元老孙丹林的长子，石刻大家，北大那边，宿白、高明、俞伟超都很尊重他，考古所这边，夏鼐、苏秉琦、徐苹芳也很尊重他。[1]他到考古所，经常上办公室找我聊天。有一回，所里安排他讲课，讲玺印、陶文和姓名学，很多人中途退场。有人说，孙先生走的是金石学老路。石刻，当然属于金石学。你不让他搞金石学，请他干吗？夏先生特意请他，就是冲他懂金石学。

贯老心情不好，跟某领导怄气，不让赵超下田野实习，说实习的事，他另有安排，此事给赵超造成很大麻烦，也影响到我和陈平。他还没参加答辩，就被告知，"自寻出路，绝不留所"。当然，贯老整理石刻事也就无从谈起。今检《夏鼐日记》1982年3月29日"上午孙贯文同志谈石刻及他的研究生事"(卷九，121页)，当与此有关。那时，夏先生已卸任所长。

我跟孙先生很熟，他本来好好的，想不到突然就垮了，身体和精神

---

[1] 我曾就孙贯文来所事请教王世民先生，他答复说："聘请贯老来考古所，直接向夏先生提出的，应该是徐苹芳，背后则有宿白和俞伟超，与苏公无关。他们二位深知贯老的学问，而徐与贯老似乎原无交往。我听俞说过，当工军宣队令贯老退休时，教研室开过一次送别会，听到大家发言，他们方知这老头还是有学问(或有用)的。"(2022年3月28日电邮)

都垮了。

1982年7月,赵超答辩那天,孙先生有气无力,坐在一把椅子上。他见我进屋,招手示意,叫我过去,说他的脑袋无力支撑,我赶紧到小山坡上的编辑室搬了个沙发,让他的头有所依靠。那天,我为赵超捏把汗。答辩结束,已到饭点。答辩委员合议,我们退出来,在食堂吃饭。等呀等,一直不见他们出来。我想,坏了坏了。没想到,一打听,原来是苏先生一直在里边讲话,力挺赵超。

赵超答辩那天,我记得,孙先生跟张政烺先生说,什么时候,咱们到蓬莱看看海市蜃楼吧。张先生是荣成人,孙先生是蓬莱人,离得不远。不久,大约也就十来天吧,孙先生竟撒手人寰。赵超不让留所,但保住了学位。

《夏鼐日记》1982年8月17日记载了孙贯文先生的追悼会:"下午偕苏秉琦同志前往八宝山,参加孙贯文同志(1915—1982.8.11)追悼会。追悼会由苏秉琦以北大考古教研室主任的名义主持,历史系副书记许师谦同志致悼词,参加者有北大副校长王学珍,文物出版社高履芳同志等。"(卷九,158页)

1997年,我跟赵超、陈平到医院探望病中的苏先生,门口要我们留下姓名。他老人家插着各种管子,已经无法说话。

不久,我去了美国。俞伟超先生来信通知我,说苏先生走了,非常伤感。他说他很感谢我们去看他的老师,说是看到我们的签名。时间怎么这么巧,当我坐的飞机腾空而起,飞往美国途中,苏先生走了。

案 苏先生的去世时间是1997年6月30日。他比夏先生大一岁,但比夏先生多活了12年。

他很看重带学生。北大历史系考古专业的学生都是他的学生。俞伟超、张忠培、郭大顺是他最重要的三个学生。夏先生走后，他的影响越来越大。

我的印象，苏先生，身形伟岸，说话，写文章，"指点江山，激扬文字"，特别喜欢概括总结，有点像个老首长。他不是党员，但政治觉悟特别高。如他强调考古是"大政治"，号召用考古重建中国古史（"超百万年的根系，上万年的文明起步，五千年的古国，两千年的中华一统实体"），创立考古学的"中国学派"。

这在夏先生的身上好像看不到，或不那么强烈。虽然，他是党员，政治地位、学术地位都很高，确实是领导。他是无心考古，却干了考古；不想当官，反而当了官。

俞伟超

我跟俞老师比较熟，认识比较早。1976年初，张承志带我见俞老师是头一回，想不到他就住在我家西侧不到一百米。那时，我住中关村北区10号楼，他住中关园三公寓南边的一座小砖房。它让我想起《陋室铭》，现在早就没了。

我写过一篇纪念文章，讲我记忆中的俞老师。文章的题目是《第一推动力——怀念俞伟超老师（摘录）》（收入中国国家博物馆、北京大学考古文博学院编《俞伟超先生纪念文集》怀念卷，北京：文物出版社，2009年，139—152页）。发出的文章不全，用删节号隐去了一些事儿。该说的差不多都说了，没说的，不便讲。

现在讲点什么呢？我想说一下1978年他动员我报考北大研究生的事。当时我在考古所埋头整理金文资料。这一年是"文革"后第一次招研究生。俞老师说：考古所有很多优点，比如图书，但有些事，你不了解。我给你讲讲我考研究生的事吧。当年，北大要我报考副博士研究生。离开考古所，我也不情愿，我找夏先生，想跟他商量商量，他要好好说，我肯定会感动，也许就留下来了，没想到，夏先生说，你不就是要读书吗，我给你几年时间行不行，什么难听话都说出来了。我哭了，去看尹达，尹达安慰我，给我做了一碗面，我很感动，但无论如何，一定要离开考古所，我已下定决心。俞老师动情地说。

俞伟超（1933—2003年）

我没考北大，原因很简单，我舍不得手中的活，舍不得满屋子的金文拓片和各种铜器图录。当然，考古所让刘仰峤同志劝我，给我转正，说今年全招新石器，明年可以考商周，也非常诱人。

我在考古所七年，那里有我舍不下的东西。舍不下也得舍，那就舍吧。最后，我选择了离开——七年的心血，全都白费了。但俞老师说，没有白费。

俞老师离开北大那天，正好是我进北大的同一天。我在长征食堂参加完他的告别会，然后到北大报到。我是这么去的北大，晚了七年。

这次读《夏鼐日记》，我特意留心了一下俞老师在考古所的那一段。

1. 1954年8月12日："上午北大同学毕业分配到我所的刘观民、黄展

岳、俞伟超、林寿晋、杨建芳五人来所,已在院部报到,学习旬日后即可来所工作。"(卷五,106页)

2. 1954年10月24日:"(上午)与张云鹏、俞伟超谈工作计划,他们曾于今晨开过一次会议。"(卷五,121页)

3. 1955年10月29日:"晨间俞伟超同志由北京来,协助队部工作,陪着他赴河南省文物工作队第二队去参观出土文物。返舍写了几封信。下午写长信给尹达同志。蒋若是同志持修改后的晋墓报告来,在俞伟超同志房中聚谈一会,将修改后晋墓报告重阅一遍。晚间与俞伟超同志散步一直到城中,现下洛阳城中街道上人颇拥挤。"(卷五,187页)

4. 1955年10月31日:"下午写了几封信,与俞伟超同志编《考古工作队通报》第1号,续阅柯斯文《原始文化史纲》。"(卷五,187页)

5. 1955年11月4日:"今日俞伟超同志由洛阳赴陕县,与在陕县等候他的周世颖同志,一同负责三门峡至会兴镇建筑工地的考古调查工作。"(卷五,188页)

6. 1955年11月7日:"今日收到第1及第2组来信,俞伟超同志抵陕县后已有信来。"(卷五,189页)

7. 1955年11月14日:"下午俞伟超同志由陕县回来,略谈三门峡调查情形。又偕同至周公庙西边筑路区勘察,除夯土墙外,尚有大石础多块,不知为唐代何建筑。"(卷五,190页)

8. 1955年11月21日:"上午俞伟超同志由西安返洛,余与郭子衡、庄敏二同志赴涧西西干沟调查。"(卷五,192页)

9. 1955年11月24日:"下午开会,庄敏、俞伟超、黄展岳同志皆参加,商谈每组返队后结束工作的手续,冬季室内整理的计划,会兴镇钻探工作及三门峡绘测工作。"(卷五,193页)

10. 1956年3月19日:"与俞伟超同志谈黄河水库调查事,彼明晨即赴西安。"(卷五,214页)

11. 1956年6月18日:"上午由洛阳乘火车赴会兴镇,下午3时许抵达,天忽下雨,俞伟超及敖承隆二同志来迎。雨久不停,将行李寄存站内,冒雨由车站赴刘家渠,约五六里,道路泥泞,好几次几乎摔跤,好不容易走到刘家渠工作站,雨已停,但我们已狼狈不堪,到后洗足换鞋子。饭后参观出土古物,以汉墓釉陶明器及唐代白磁为最佳。与俞君谈此间工作。"(卷五,230—231页)

12. 1956年9月29日:"(上午)俞伟超同志由会兴镇返京,谓北大函告其可以免考入学为副博士研究生,彼亦心动,故赶来北京,我与靳主任劝之安心在所工作(后来彼与杨建芳同志一起于上午赴北大与郑振香磋商)。"(卷五,263页)

13. 1956年11月5日:"下午又至所中,金学山同志拟转业到中央民族学院,与靳主任商谈此事。又知道杨建芳、俞伟超二同志已决定要进北京大学研究部,尹所长没有说服他们。"(卷五,273页)

14. 1956年12月1日:"与陈滋德处长通电话,谈与城市建设部联系事,与苏秉琦同志谈此事及研究生事。"(卷五,277页)

15. 1958年3月16日:"在家校阅黄河水库调查报告《三门峡漕运遗迹》,系俞伟超同志所写。"(卷五,359页)

16. 1958年4月8日:"(上午)俞伟超同志来取去《三门峡漕运遗迹》报告的稿子,为之提出一些意见。"(卷五,363页)

17. 1958年7月9日:"(下午)俞伟超同志来,谈修改《三门峡漕运遗迹》报告问题。"(卷五,381—382页)

《三门峡漕运遗迹》还在我的书架上,这是旧书,朋友送的。俞老师的其他著作,都是他送我的签名本。

俞老师经常跟我讲"夏苏异同"。当年,曹兵武、戴向明采访他,关于夏先生,他是这么说的,"区系类型学说,夏鼐先生就不太理解,其实夏先生对我个人一直很好,1954年大学毕业到考古所,曾受到夏先生的关怀,以后,这种关系就变得很奥妙。《追求与探索》发表时我正在美国,夏先生就给张忠培写了一封信。夏先生说:我们这代人,只剩下我、兰坡和秉琦,你们给秉琦编集子,他会感激你们的。读到这里,我自己也很动感情,但是个人感情归个人感情,科学归科学,这是两码子事。后来,我离开北大时,夏先生托人带话来,如果我愿意到考古所,他可以接受。但由于种种原因,我到了历博"。[1] 关于苏先生,他是这么说的,"我知道苏先生那一代人的梦想,那个梦在'五四'之后就有了。就是重建中国古史的传说时代。最近苏先生写了一篇很有分量的文章(指《重建中国古史的远古时代》,《史学史研究》,1991年第3期)谈的就是这个问题"。[2]

案 读《夏鼐日记》,我能感觉到,夏先生还是很器重俞老师,怎么发脾气,毫无痕迹。

《夏鼐日记》1984年6月16日:"徐苹芳同志谈北大考古学系俞伟超同志辞职事。"这是他在日记中最后一次提到俞伟超。

曹兵武、戴向明采访俞伟超,提到他对夏鼐的看法,很重要。《追求与探索》是《探索与追求》之误。

---

[1] 俞伟超《考古学是什么》,北京:中国社会科学出版社,1996年,237页。参看《夏鼐日记》1984年6月16日:"上午赴所,徐苹芳同志谈北大考古学系俞伟超同志辞职事。"(卷九,368页)
[2] 俞伟超《考古学是什么》,238页。

2011和2012年，北大考古文博学院做口述史，采访王世民先生，曾问及当年俞伟超离开考古所的事，王世民说："我是很多年以后听人说起的。夏先生器重俞伟超，很不愿意他走。据说他准备离开北大时，曾找夏先生探询能否回考古所？夏先生曾考虑一阵。"[1]最近我还听王先生说，夏先生去世，他曾来所里吊唁。[2]

夏鼐百年诞辰，考古所编了《夏鼐先生纪念文集》，其中有张忠培的文章，没有俞老师的文章。俞老师评夏先生，只有上引曹兵武、戴向明采访中的话。

张忠培

张先生，我不熟。第一次见他，应当在1978年。我记得，那是在俞老师家，即上面提到的那个小砖房。停电，两人点着蜡烛，在吃饭。俞老师向我介绍，这是他的老同学。他们跟我打听西单民主墙和各种小道消息。

俞、张两位，年龄相仿（俞生于1933年，张生于1934年），都毕业于北京大学历史系考古专业（俞是50级本科生，张是52级本科生），都是苏秉琦的研究生（俞是57级副博士生，张是56级副博士生）。毕业后，两人都在高校从事考古学教育（俞是北京大学教授，张是吉林大学教授），后来都担任国家级博物馆的一把手（俞是中国历史博物馆馆长，张是故宫博物院院长）。[3]他们都"抑夏扬苏"，都对夏鼐的"左膀右臂"很有意见。

我跟张先生的接触十分有限，现在只能想起几件事。

---

[1] 赵辉主编《记忆——北大考古口述史（一）》，468页。
[2] 2022年4月11日与王先生谈话。
[3] 《20世纪中国知名科学家学术成就概览》考古学卷，第二分册，286—295页，306—317页。

张忠培(1934—2017年)，王珧摄

一是李水城请张先生到考古系演讲，我去听。他一上来就讲考古学的局限性。我记得他说，假如发生地震，北大校园，房倒屋塌，你能给我说清哪栋楼早、哪栋楼晚吗？水城回忆说，那是1988年张先生刚到故宫博物院不久。

二是故宫请有关专家共商《唐兰全集》的整理工作。张先生特意要我跟李家浩坐一块儿。

三是我们在长沙，准备去九嶷山开舜庙遗址论证会，在宾馆饭厅碰见他。他是在我们之前去的九嶷山，刚刚回长沙。李学勤先生上前打招呼，他爱搭不理。

四是社科院历史所开顾先生纪念会，大家围坐一圈，张先生的座位正好在李学勤先生对面。张先生发言很激烈，句句都冲李先生去。讲完，李先生居然给他鼓掌。

我最后一次见张先生是2016年。我在国博看《大象中原》展，他腿不好，拄杖立于展柜前，凝神观看，我上前跟他打招呼，他说，你最近写了不少好文章呀。

张先生这一辈子，很多精力花在华县泉护村和元君庙。那次发掘，高明老师是领队，我听高老师讲过很多与这次发掘有关的故事。

张先生的书，过去没怎么读。2017年7月5日，张先生去世，才赶紧找来读。2018年4月，故宫博物院出版了他的文集，三册一套，[1] 现在通读了一遍。2020年6月，故宫博物院又增加一本，[2] 我也读了。

苏恺之的书提到，1973年，苏秉琦带着张忠培把《元君庙仰韶墓地》报告交到《考古》编辑部，被"封压"。今查《夏鼐日记》，只有1973年9月7日提到"苏秉琦同志来谈，前几天到河北省参观博物馆及藁城商代遗址事"（卷七，380页），次年1月6日提到"张忠培同志来谈"（卷七，408页），1月17日提到"上午苏秉琦同志带领张忠培同志来谈吉林大学考古专业实习问题"（卷七，409页）。又1978年10月30日提到"张忠培同志来谈，修改报告已毕，后天返校"（卷八，250页）。

案 张忠培有八篇文章涉及"夏苏异同"。第一篇是俞伟超执笔，与张忠培联名发表于《文物》1984年1期的著名文章：《探索与追求——〈苏秉琦考古学论述选集〉编后记》（见301—327页）。这篇"抑夏扬苏"

---

[1] 张忠培《走出自己的路》《说出自己的话》《尽到自己的心》，北京：故宫出版社，2018年。
[2] 张忠培《永远在路上》，北京：故宫出版社，2020年。

的文章，曾在考古学界引起强烈反响。另有六篇文章纪念苏秉琦，一篇文章纪念夏鼐，均收入他的《走出自己的路》一书。

张忠培把《探索与追求》收入这个集子，在文章后加了一段话："此文成稿于1983年6月24日。我编《中国考古学：实践·理论·方法》（中州古籍出版社，1994年）和《中国考古学：走近历史真实之道》（科学出版社，1999年）这两个集子时，均将此文收集其中。"

但值得注意的是，俞伟超却没有把这篇文章收入他的任何一本文集，包括他去世前编定的《古史的考古学探索》（北京：文物出版社，2002年）。

张忠培虽"抑夏扬苏"，但两杆大旗都树，与俞伟超不同。

张光直

读者要想了解张光直的一生，请参看：

1. 李力、孙晓林编《四海为家——追念考古学家张光直》（北京：生活·读书·新知三联书店，2002年）。

集中共收纪念文章34篇，极具史料价值，特别是罗泰写的《追忆张光直》，等于张光直的小传。书前的编者前言是我写的，未署名。书后有附录三篇。附录一《张光直先生生平事略》是臧振华撰，附录二《小人物的速写》是张光直的短篇小说，附录三《张光直作品目录》是陈星灿编。

此书前17篇征自中国大陆，后17篇征自中国台湾以及美国，各占一半。前八篇是中国大陆资深考古学家所撰，除徐苹芳和邹衡（他俩并不赞同张光直选取商丘作发掘地点），其他人都谈到"商丘考古"。俞伟超暗示，反对者才是张的好友，赞成者反而并非真心。

我把我跟张先生的交往都写进了《我心中的张光直先生》，排在全书

第十篇。

2. 何标编《考古学家张光直文学作品集粹》(北京：台海出版社，2004年)。

何标，原名张光正，张光直的大哥。[1]他对早年寓居北平时期的张光直影响很大。此书包括：建国中学时期的作品(七篇)；《小人物的速写》(三篇)；《张我军文集》的前言、后记及纪念文；《番薯人的故事》；《我求学和就业于兹的哈佛大学》；采访(两篇)和短文(三篇)；致张光正信函(十封)；对张光直的回忆与悼念(八篇)，包括张光诚(张光直弟)、张光朴(张光直弟)、林海音、夏祖焯(林海音子)、余英时、张凤、陈星灿、张光正文。《小人物的速写》《番薯人的故事》和余英时文重见《四海为家》。书前有何标《编者的话》和我为《四海为家》写的编者前言。

张光直(1931—2001年)

张光直会唱革命歌曲。何标回忆：

> 有一天，我单独在他房间里闲谈，他突然指着楼窗外远处的汐止、石碇、坪林交界方向一片丛林峻岭，对我说："50年代初台湾(中共地下党)武装起义的鹿窟基地，就在那个地方。"还有一天傍晚，我们应邀到他一位要好朋友家里晚餐，那天他的兴致很高，饭

---

[1] 何标是1945年参加革命的老干部，曾任国务院台办专家组成员、全国台联理事、北京市台联副会长和顾问等。

后在休息室里当着大家唱起早年的"毛泽东之歌"和俄罗斯革命歌曲"向太阳"。我在一旁暗想：在反共的台湾当局眼皮底下，竟然唱起共产党的歌曲，真是不可思议！后来我才知道这些歌，都是他在"四六"事件被捕坐牢时从难友那里学来的。历经半个世纪，词曲都没忘掉，可见他是经常反复默唱过的。

徐苹芳先生的回忆也提到：

我记得光直亲自开车送我们从哈佛去耶鲁的途中，一路上为排解旅途的寂闷，他哼出了40年代中期即解放前夕，那些年流行的革命歌曲，既有解放区的歌曲，也有国民党统治区的歌曲，像《黄河大合唱》《团结就是力量》《古怪歌》等等。[1]

何先生给我打电话，问我可不可以用《四海为家》的编者前言当此书代序。我说当然可以。

我讨论过张光直的文学作品，见拙作《鸟儿歌唱》，北京大学出版社，2014年，251—290页。

3. 李卉、陈星灿编《传薪有斯人——李济、凌纯声、高去寻、夏鼐与张光直通信集》，2005年。

张先生与夏鼐通信，多与中美学术交流有关。张先生的信，非常客气。在中国考古学家面前，张先生总是非常谦恭，像个学生。夏先生叫停国际合作，张先生很难过，但依然尊重他的这位"大师兄"。他只是在

---

[1] 徐苹芳《悼念张光直》(《四海为家》, 3页)。

《哭童恩正先生》中谈及他的遗憾,那已是夏先生走后的事情了。

此外,张光直去世后,有两本书值得注意:

1.《许倬云谈话录》,许倬云口述,李怀宇撰写,桂林:广西师范大学出版社,2010年。

作者有悼念张光直文,见《四海为家》。此书对作者早年的"左翼"倾向另有解读。他说张我军在沦陷时期曾任华北伪政府的教育总裁,本来算汉奸,张辩称自己是台湾人,属日本国民,才被政府宽赦,没治他的罪;"四六事件",张光直的回忆有大错,傅斯年不是帮政府抓学生,而是保学生,入狱住监仅两个月,未受虐待;张光直与李济不合,常常成心躲着他(50—51页)。何标写文章,反驳其说。[1]

2. 余英时《余英时回忆录》,台北:允晨文化实业股份有限公司,2018年。

作者有悼念张光直文,见《四海为家》。他与张光直也非志同道合。此书最后有《张光直:友谊与论学的反思》节(216—227页),讲他与张光直交往,如何从相互敬重到隔阂生分。

作者坦承,他一向持反共立场,[2]而张光直呢,"早在十几岁时便已倾心于共产主义的理想",有"故国情怀""心向祖国",此其所以不合也。

余英时说,"我们两人多年来都各持己见而不作争论,所以一直都相安无事,但1994—1996年他出任'中央研究院'副院长,问题却发生

---

[1] 何标《请教许倬云先生》,收入氏著《我的乡情和台海两岸情》,北京:台海出版社,2010年,41—44页。
[2] 《夏鼐日记》1983年8月12日:"下午在家,阅由鲍正鹄同志处借来的香港《七十年代》1983年第3期,该刊总编辑李怡所写《余英时教授访问记》。这位余教授是国民党陈雪屏的女婿,虽然入了美国籍,仍是国民党的立场。"(卷九,272页)

了"。他讲三件事：

一件事是1975年张动员他率美国汉代历史代表团访华，余说这是张想借访华促其转变反共立场。

一件事是张任"中研院"副院长时，在院内推行改革，想让史语所考古组扩编独立，目的是为了与大陆合作，张认为余会阻挠，故意绕开他。

一件事是张欲"延揽一位大陆统战部所支持的台湾学人"入人文哲所，作为未来所领导的人选之一（指陈鼓应）。[1]余说，张也防着他。[2]

余英时说，张光直一心想回大陆，被夏鼐拒绝，让他想起两句话："我本将心向明月，奈何明月照沟渠。"

案　　张光直说过，理论和方法不同，理论是有立场的。大道理，背后肯定有立场。

什么是立场？立场就是"物以类聚，人以群分"，你属"政治动物"的哪一拨，你是替谁说话，屁股坐在哪一边。

猴和猴有什么不同，哪个漂亮哪个丑，人就是分不清。饱汉子就是不知饿汉子饥。信仰不同，非坐一块讨论，那不是瞎耽误工夫？

立场是不能讨论的。讨论必启衅端，龇牙咧嘴，吹胡子瞪眼，剑拔弩张。道不同，不相为谋。

余英时说，他跟张光直"各持己见而不作争论"，结果做不到。

关于余英时，北大校庆那年，我听徐苹芳（他是燕大校友）讲过，讲

---

[1] 2021年1月4日，电话采访陈鼓应，证实这一点。陈先生在写回忆录，他跟我讲了很多故事。
[2] 1998年7月，俞伟超与余英时在台湾见面。余英时跟他讲，"光直兄因意见的投合与否，对一些挚友发生过误会"，见俞伟超《往事追忆》(《四海为家》，24页)，大概就是指这些事吧？

余在燕大入团(新民主主义青年团),[1]讲他去香港,十步九回头,讲他从反共立场注陈寅恪的诗(徐说此书大失史家水准)。

关于项子明(原名汪志天),[2]余英时的表哥,我听袁明讲过。余、项在美国见面,她在场,跟我讲过当时的情景。我问,项子明后悔参加革命了吗?她说没有。

余英时的书,我读过,人只见过一面。有一年在普林斯顿开会,很多人,一起吃过饭。

最近,余英时在美去世,李怀宇发表《余英时谈话录》(台北:允晨文化实业股份有限公司,2021年11月)。书中有一小节讲张光直。他说:

> 在美国学术界,中国考古就属张光直一个人,他死了以后,中国考古就慢慢没有人了。但是他研究考古受到一个限制,他自己不能参加考古:要自己去挖,国内不许他。晚年他跑到中国黄河附近,在郑州旁边,想要挖商代的旧城,选的那个地方很荒凉,一挖就进水,需要买机器去抽水,那么大的黄河,水都能抽光吗?所以没有做成,就中断了。惟一的遗憾就是,他是考古学家,却是外国人说的"坐在沙发上的考古学家"。中国最光辉的一次考古就是安阳发掘,到现在为止还没有超过。张光直当然想像他老师李济一样,自己发掘出一些新的东西来。他在美国做的是把大陆的考古资料综合起来,做一个解释。这是他自己没有办法去考古,看文献资料综合出来的,有些资料是不是可靠,就不知道了。起初,张光直大概是想找中原作为发源地。考古这东西不是客观的,是非常主观的,就是心里有一个想法:

---

[1] 参看余英时《余英时回忆录》,87—89页。
[2] 参看余英时《余英时回忆录》,45—48页。

中原的文化向四面流,就找这些考古证据支持。后来越考越多,材料多了,就发现不是了。现在已经变成多元化了,散在各中心,没有办法说中原就是中国文化的发源地,中国发源地已经扩大到全国。不要以为考古挖了地,就是客观的证据,看用什么样的证据,用哪一部分的证据,哪一部分的证据不用,隐藏起来。像半坡(遗址)一定要强调女性社会向男性社会转移,那是不着边际的东西。(38—39页)

这段话几乎全错。

第一,美国学术界做中国考古不止张光直一人,他走后也并非无人(如加州大学洛杉矶分校的罗泰、哈佛大学的傅罗文)。

第二,他的"商丘考古"中断,是因台湾不再给钱。

第三,商丘不在郑州旁边,也远离黄河,谈不上把黄河水抽干。中美联合考古队挖商丘宋城遗址,最大困难不在抽水,而在淤土太厚,城摞城,春秋宋城深埋地表十几米下,更早的地层又在宋城以下。

第四,张光直在法国和我国台湾做过田野发掘,晚年领导商丘考古,绝非"沙发考古学家"。

第五,张光直的成就不只《古代中国考古学》,《古代中国考古学》也不仅仅是"资料综合"。

第六,张光直也不是中原中心论者。

余自称张的"老朋友"。我真想不到,他是这样评价他的"老朋友",政治偏见可以令人目盲。

小　结

夏、苏异同:两人有分歧(如"中国学派"问题),但共同点很多。他们皆属从新中国成立初期走过来的那一代人，具有那一时代的鲜明特征。他们都经过"思改"运动，都遵奉马克思主义，都把考古当国家支持的公益事业，都反对假"改革开放为名"推行文物市场化、旅游化和纵容盗掘文物。

俞、张异同：两人有分歧（如"新考古学"问题），但共同点很多。他们是新中国培养起来的第一代考古学家，两人都受过新中国成立初期的马克思主义教育，在思想深处都带有那一时代史学教育的基本特点。他们对夏、苏的评价不尽相同，但合写过《探索与追求》，在"抑夏扬苏"的问题上有共同语言。

张光直是中国考古国际化的重要推手，他的研究有双重背景，一方面是中国史语所的传统，一方面是美国新考古学的传统；一方面是太平洋东岸的考古研究，一方面是太平洋西岸的考古研究，"亚美联结"是他的思考焦点。他很尊重夏鼐、苏秉琦那一代考古学家，但把更多的希望寄托在中国新一代考古学家身上。

2011年，北大考古文博学院采访黄展岳，他有这样一段话：

> 夏鼐、苏秉琦二位都是我的老师，我都敬重。二位的业绩、功过是非，我没有能力评论，要说"矛盾"，从《夏鼐日记》看，我看不出他对苏先生有什么不好的意见。私交还是可以的。苏先生生前在所里，地位不彰，寂寂无闻，从未出境（港台）、出国，无职无权，即使给他挂个什么职务，也是"空"的，但在所外，他受到一定的敬重，这是事实。夏先生生前，在所里掌权，在所内所外都受到敬重（不管是真敬重还是表面敬重），这也是事实。苏先生在所里寂寂无闻，这算不算"受压"？不受"压"那才怪呢！他是党外人士，"资产

阶级知识分子",没有紧跟"时代步伐",不会逢迎,被边缘化,这是正常现象。各部门各单位大致如此,差别是在"压"的程度强弱有所不同。夏先生过世前后,"改革开放"的帷幕正在徐徐拉开,"革新"思想活跃,但"守旧"思想依然强劲,所以就出现补选考古学会理事长的多次风波,双方较劲,矛盾表面化,为苏先生打抱不平的怨气加速升温,彰显苏先生学术成就的文章也接连问世,个别文章还把怨气有意无意地发泄到夏先生身上。过去"抑苏扬夏",现在似乎应该"抑夏扬苏"了。我以为这是一种"逆反心理"现象。冤假错案要平反,受"压"也应讨回公平公正,这是正当要求,无可厚非,但发生在考古学会的几场风波,都和夏苏二位无关,是健在的人把矛盾推给夏苏二位承受的。夏苏二位均已作古,不要再打搅,让他们无忧无虑,永远安息吧。[1]

---

[1] 赵辉主编《记忆——北大考古口述史(一)》,59—60页。案:集中对郑振香、赵芝荃的采访也谈到夏、苏二位的学术特点。

附录 考古百年——"新知大会"第三季发言

今天的会，主题是回顾中国考古一百年。这个话题，我有兴趣。2020年是新冠年，大家不敢到处乱跑，只能宅在家里。这段时间，我在家里读书，读考古学史，一本一本书，一个一个人，慢慢读。我把这方面的书集中在一起。《夏鼐日记》十卷，《夏鼐文集》五册，我通读了一遍，《苏秉琦文集》三大本，也通读了一遍，还有柴尔德的五本传记，等等，正好关注这个话题。

今天，咱们回顾的是中国考古。中国考古是世界考古的一部分。中国考古一百年要放进世界考古五百年里才能看得比较清楚，但时间有限，不能扯得太远。

中国考古100年，三七开，解放前28年，解放后72年。李济是中国考古之父，那是前28年。1949年后，中国考古的领军人物是夏鼐。

刚才陈胜前讲了，前28年有四大遗址，周口店、仰韶、龙山、安阳。旧石器遗址，一般人只知道周口店。水洞沟，不一定知道。中国史前考古受安特生等人影响大，但商周以下的考古是中国人自己干出来的。这跟其他国家不太一样。

回顾百年，我想讲的第一点是中国考古学的历史学取向。

中国考古，从一开始就有分工。地调所、中研院、北研院，各是一摊。解放后，旧石器考古归中科院古脊椎动物与古人类研究所(简称"双古所")，新石器以来的考古归中科院考古研究所(1977年以来改称"中国社会科学院考古研究所"，简称"考古所")。过去,我在考古所做过人民群众来信的处理工作,领导说,你看见大木头箱子盛的动物化石要转寄双古所,但如果是三叶虫以上的化石,要转寄南京地质古生物所。当时,考古宣传很管用,对群众保护文物、捐献文物起了很大作用。他们寄文物来,考古所讲了,我们单位,只研究,不收藏,你捐就捐,没奖励,照样有人捐。现在不同,电视宣传的是全民鉴宝、全民藏宝,东西值多少钱,升值空间如何……

现在,大众心目中的考古是社科院考古所的考古。古脊椎动物与古人类研究所,最初叫古脊椎动物所,后来才加"古人类"三字,人是当动物研究。大家心目中的这个所,总是跟自然博物馆、中国古动物馆和周口店遗址联系在一起,跟恐龙一类东西联系在一起,人只是捎带脚。他们研究的是"伊甸园",社科院考古所研究的是"走出伊甸园"。所以一个归中科院,一个归社科院。

刚才陈胜前老师也说到这个问题。陈老师是研究史前史。外面的公众不太了解史前史有多重要,史前史占人类历史的绝大部分。但"史前史"这个词是个悖论,李学勤先生说,"历史"既然定义为成文史,成文史之前怎么还能叫"历史"?其实"史前史"的"史"不是书本上的历史,而是考古挖出来的历史,一种还没有形成"历史"的"历史"。这话听上去有点绕,从中文看,比较绕,但西方习惯这么讲。他们喜欢分先什么、后什么,新什么、旧什么,不厌其烦。

我读柴尔德,还碰到一种说法。柴尔德本来是学古典学的,老师都是研究古典考古。他是先写书,因书出名,当上考古教授;当了考古教授,才做田野工作。大家说他是"史前学家",但他对石器的兴趣远不如陶器和青铜器。有人说他是研究"史前文明",所谓"史前文明",或称"原史"。"史前"是"文明"以前。"文明"之前怎么还有"文明",这也好像是个悖论。但这个好像悖论的说法,至少包含了一个意思,就是他更关心人类如何"走出伊甸园"。

我们的兴趣究竟是研究"伊甸园"还是"走出伊甸园",眼

我身边的考古学史

睛朝上看，还是朝下看，这是个大问题。我们很多人说的考古，其实是把史前考古当历史考古的铺垫，眼睛朝下看。这就牵涉到我国考古学界争论的一个问题，即中国考古学的取向到底是什么？

大家都知道，张光直教授在他的课堂上经常讨论一个问题。李永迪说，张先生老问一个问题：中国从殷墟发掘起步是不是走错了路？他在他的书中也多次提到这个问题。西方考古学家看中国考古，他们一定会这么问。

张先生问：假如中国考古是从史前考古做起是不是更好？但中国人确实是把考古分成两块。罗泰教授写过一篇文章，讲"中国考古的史学取向"，所谓"史学取向"是指"历史编纂学"的取向，即用考古材料写历史的取向。我琢磨，他是从批评的角度讲，所以干脆把它翻成"中国考古的历史癖"，有人说我在糟蹋英语。后来杜正胜评俞伟超、张忠培之争，他用过我的译法。罗泰教授的文章被陈淳老师译成中文，罗泰教授很生气，说未经授权，他说他的文章不是写给中国读者看的，他知道这会引起争论。我说人家翻译，说明人家重视，并无恶意。考古所开过一个会，会议纪要说，中国学者不同意这个说法。其实，这不是罗泰教授的发明，是他老师的说法。刚才陈胜前老师说，考古学家还在讨论，有可能有好处，也可能有坏处。大家讨论吧。

前一阵儿，早上遛弯，碰到严文明先生。严先生送我一本书，他刚出的《丹霞集》，书里有个短札，这个短札是评伦福儒的《考古学：理论、方法与实践》。严先生不同意伦福儒对考古学的定位。他认为中国考古还是属于历史学，并不一定非得定位于人类学考古或科技考古。

第二，回顾百年，我想说一下我身边的考古学史，我曾效力七年的社科院考古所。

这里我想说的是，百年考古，前28年，中研院史语所、北研院史学所各有千秋。中研院挖殷墟，北研院挖斗鸡台，你河南、我陕西，你商、我周，都对中国考古有贡献。西北考察，也是北研院先搞，中研院后搞。解放后的中科院考古所是由这两个所合并组建，一半一半。

早先，中科院考古所分两个组：史学组、考古组，两个组都有一批人。史学组，后来解散，如冯家昇、王静如、傅乐焕等，很多都是北研院的。剩下的人，清一色搞考古，也是两个所的老人都有。考古所有三老，徐老(徐旭生)、黄老(黄文弼)是北研院的，郭老(郭宝钧)是中研院的。这三老，大家都知道，还有一老你们不熟悉。考古所有个老寿星，钟老钟凤年，跟徐老同庚，最为老寿。夏先生让我拿他的信去见他，当时他已91岁。他活了100岁，比上述三老都活得长。夏先生走了他还在。钟老就是北研院的。考古所还有二公，梁思永走得早。夏公(夏鼐)是中研院的，苏公(苏秉琦)是北研院的。考古所二室，过去叫"商周考古研究室"，现在叫"夏商周考古研究室"，这是后来改的。现在牌子换了，加了"夏"字。邹衡教授的讲义，原先也叫《商周考古》。近来李旻写文章。他说夏文化的探索，徐老是先驱。我说这些，只是告诉大家，考古所有两个源头。

第三，我想强调一下中国考古的体制特点。

中国考古是国家考古，由国家资助和国家支持的大规模考古。中研院、北研院的考古是国家考古，中科院、社科院的考古也是国家考古。过去，大家有个错觉，考古是纯技术、纯学术，苏秉琦说，考古是大政治。他呼吁建"中国学派"，"中国学派"是尹达、胡绳提出来的。俞伟超、张忠培写《探索与追求》，说"中国学派"已经形成，旗帜是他们的老师，夏鼐写《回顾与展望》，说还没形成。形成没形成，可以讨论，但这类分歧都是国家考古范围内的事。

中国有大科学院体制，跟苏联一样。苏联科学院成立于1925年，年代与中研院、北研院接近。但它的前身很有年头。俄罗斯科学院(原来叫彼得堡科学院)成立于1725年。1945年，柴尔德参加过苏联科学院成立220周年纪念会，因此在美国上了黑名单。这个220年是从彼得大帝算起。中研院、北研院，都是解放前就有。这种大科学院，法、德、俄有，英、美没有。英、美的科学院不是政府设立，而是科学家的荣誉性自治组织，其下不设科研机构。按我们的话讲，都是虚体。

中国科学院，1958年在各省设分院。有些地方考古所（如山西、陕西、河南三省的考古所）一度隶属中科院分院，后来脱钩。1980年代，各省的考古队从博物馆分家，独立出来。现在的地方考古所、考古院都属于文物局系统。

刚才陈老师说，考古是大规模知识生产，这点很重要。我们的考古是国家出钱，国家支持，配合基本建设，年复一年、日复一日，在全国各地，不断进行，规模很大。

考古是跟地打交道。首先一点，解放后的新中国，土地是国有，出土文物是国有，博物馆是国立。1949年以前的博物馆，为了区别私人博物馆，有时要在前面加"国立"，解放后不用加，全都是"国立"。这是夏鼐生前的中国体制。

考古在中国是国家事业、公益事业，不存在私营的考古。"私营的考古"是盗墓。

当年，英国考古学家羡慕这种考古，如克拉克羡慕德国考古，柴尔德羡慕苏联考古，因为英国没有这种国家支持的大规模考古。他们的考古，不在博物馆，就在大学，很多是到海外考古；国内，配合基建的随工清理，美国靠考古公司。我们要知道，私有是西方的立国之本。私有万岁，市场万能，什么都靠化缘，什么都靠赞助，没有大老板支持，什么都干不成。

中国考古界是科学院、文物局、高校三分天下。科学院的双古所、社科院的考古所是科研单位，文物局是行政单位，高校考古系是教学单位。

1937年6月6日，夏先生和吴金鼎、曾昭燏在伦敦顺东楼吃饭，他说，以前发掘是对的，现在应停挖，与其乱挖，不如不挖，乱挖比盗墓还坏。他说，古物委员会、中央博物院筹备处和史语所三分天下，必须"三分归一统"，否则中国的考古一塌糊涂。这个问题很关键。

解放后，他很欣赏苏联科学院掌控全国的发掘审批权。1984年，他讲文物与考古的关系，仍然强调这一点。

1984年12月20日，夏先生参加北京猿人第一个头盖骨发现55周年纪念会，他说双古所和考古所是"国家队"。"国家队"可以请外国教练，可以到外国取经，但不能靠"国际合作"拿金牌。他说，人才要集中在"国家队"，不能分散到地方队，否则不但在"国际比赛"拿不到名次，"国家队"也垮了。在他心目中，考古所是国家队，文物局下属的考古队、考古所是地方队，高校类似中国女排的漳州基地。这是他定位的体制，但后来的发展趋势是"满天星斗"，不是只有太阳、月亮。他的理想有点像孔子的"周公之梦"，他更怀念上世纪五六十年代的局面。

　　过去，中国没有国际合作的考古。西方封锁中国，中国当然得坚壁自守，外事有外事纪律，涉外的事情都要打报告，当时的规矩有当时的道理。中国县以下开放是很晚的事情。不开放，你怎么合作？开放不开放，那不是中国自己能决定，人家在外面上把锁，你朝哪儿开放？

　　早先，苏联曾提议合作，合作挖安诺遗址，那是"走出去"，夏先生不同意。外交部安排中朝联合考古，那是"请进来"，夏先生是队长，他一天都不去。1980年代，各国提议合作，他全部婉拒。最有名的事件是叫停哈佛、川大的合作发掘，以及反对双古所与史密森学会合作发掘周家油坊。

　　总之，我理解，夏先生也好，苏先生也好，谢辰生也好，他们都反对文物市场化、旅游化、盗掘盗卖，目的都是为了保护中国的文物古迹，保护中国的考古事业。夏先生担心的是盲目国际化会给他付出一生心血的事业造成无可挽回的破坏与伤害。

　　最后，我想说个小问题。有些考古学的词已经叫惯了，应该正名。

　　陈老师的书，我都读。他写过《学习考古》《思考考古》，一本接一本。我特别喜欢陈老师的一句话。他说，过去他是考古学的学生，即使现在当了老师，觉得自己也还是学生。我说我也是，过去我是考古学的学生，现在也是。但我只是学生，不是老师，我调北大，没有在考古系教书。而且更准确地说，我是考古学的读者。考古学的书，我天天读，各种考古报告、考古杂志和学者论著，那是我的主要读物。我是考古学的忠实读者。我的学术文章几乎都是发表于考古文物的专业杂志。

有个词，大家都知道，"锄头考古学"。这个词是从德文翻译，好像经卫聚贤介绍，才叫起来的。李光谟管他爸爸叫"锄头考古学家"，其实从原文看，"锄头考古学"是"铲子考古学"，意思是动手动脚、亲力亲为的考古学。这个词跟"沙发考古学"形成对立。"沙发考古学"，准确讲是"扶手椅考古学"，意思是坐而论道的考古学。罗泰教授说，这两个词，其实都有贬义。陈淳老师和陈胜前老师也用这两个词。他们似乎是把"扶手椅考古学"当理论考古学，而把"铲子考古学"当田野考古学，认为除了动手动脚，还要动脑。

陈胜前老师的书，封面图案很有意思。《学习考古》是件旧石器，《思考考古》是把不带扶手的椅子。现如今，田野发掘后的事儿越来越多，地层是在坑里划，类型是在室内分，报告是回了家才慢慢整，后续的工作很多，越来越多。这两个方面是什么关系，越来越值得关注。

还有个词，"美术考古学"。夏鼐先生把"美术考古学""铭刻学"等归为一类，叫"特殊考古学"。杨泓先生写过《美术考古半世纪》，大家都推他为中国美术考古研究的代表性人物。很多做艺术史研究的都说，他们特别希望与考古学家合作，用考古材料做艺术史。但杨先生给他们泼冷水，说这完全是两码事，希望郑岩出来正名。

后来，郑岩写了篇文章，把问题讲得一清二楚。他说，"美术考古"是德文的说法，英文不用这个词，其实它就是英文的"艺术史研究"。西方的艺术史研究，跟美院的研究不一样，主要不是字画一类东西，主要是用考古材料研究古代艺术。它从一开始就跟古典考古有关，跟类型学有关。比如所谓"风格研究""纹饰研究"等等。我觉得，我们没必要把"锄头考古学"与"沙发考古学"对立起来，也没必要把"考古学"与"艺术史"对立起来。比如石窟寺研究、佛道造像研究、古建研究、壁画研究，都跟艺术史研究有关。人为对立等于自杀。

同样，铭刻学也是"特殊考古学"。夏先生是学埃及学出身，他学过埃及古文字，博士论文写埃及古珠，题目属于艺术史专业。他很重视铭刻学。他是把铭刻学、古钱学与现在时髦的水下考古，以及航空考古列为一类，都叫"特殊考古学"。我和陈平、赵超都是为加强铭刻学研究招进考古所的研究生。刚才陈老师也说，考古把自然科学、社会科学和人文全都搅到一块儿。我觉得，考古学最像军事学。军事学，实践性很强、综合性很强，不是"一人敌"的剑术，而是"万人敌"的兵法。你无法说，它是自然科学、社会科学还是人文，只要有用，什么你的我的全都是我的，全可以拿过来为我所用。特别是指挥艺术、战略战术，跟活人斗法，更难定位。田野考古也一样，实践性、综合性很强。

考古要"动手动脚"，但光"动手动脚"还不行，还要"动脑"，还要"上天入地"，穷搜尽讨，不要作茧自缚，眼前只有一亩三分地。

考古是很辛苦的工作，甚至应该说，还包括很多类似民工、技工的工作。民工、技工的工作也是工作。不是只有"白领"的工作才叫工作。现在"大众考古"很火。北大考古文博学院开过一个会，他们出了一本讲大众考古的英文书，叫 Sharing Archaeology。前三篇是英国学者的文章，第四篇是我的文章：《考古：与谁共享》。我说，考古有行业排他性，这个不算，那个不是，只有一个"共享"，毫无争议，那就是科技考古。然而，即便有了"白大褂考古"，照样离不开辛苦的田野工作。道理就像现在有了5G、高科技和电商，照样离不开外卖小哥。田野工作仍然很重要。

1985年，对我，对考古学界，都是个重要年头。我是参加完俞老师（俞伟超）告别北大的会，然后到北大报到。这一年，夏鼐先生去世了。中国考古的多元化、国际化，中国文物的市场化、旅游化，以及全民鉴宝、全民藏宝、盗墓成风，很多事情，都是他不及见或不忍见。保护文物仍任重道远。

我有一个口号，模仿保护动物的口号。保护动物，已经立法(非常符合西方的"政治正确性")。但由于种种原因，积重难返，保护文物却一直缺乏力度。

我的口号是"没有买卖，就没有盗墓。文物和动物，同样值得保护"。我希望这个口号能够变成一个公益广告。

谢谢大家！

会议时间：2021年4月3日

主持人：常怀颖；对谈者：陈胜前、姜波

2022年2月7日根据录音稿整理

Copyright © 2023 by Life Bookstore Publishing Co., Ltd.
All Rights Reserved.
本作品版权由生活书店出版有限公司所有。
未经许可，不得翻印。

图书在版编目（CIP）数据

考古笔记：疫中读书记 / 李零著. — 北京：生活
书店出版有限公司, 2023.9
　　ISBN 978-7-80768-395-7

　　Ⅰ.①考… Ⅱ.①李… Ⅲ.①考古学－文集
Ⅳ.①K85-53

中国版本图书馆CIP数据核字(2022)第228676号